Cahier d'activités A1

Coordination pédagogique :
Laurent Pozzana

Auteurs :
Marion Meynadier
Laurent Pozzana

Références iconographiques

5 (hg) FatCamera/iStock, **7** (hd) LG Photography/AdobeStock, **7** (hg) nicolesy/iStock, **12** (hg) carballo/AdobeStock, **12** (mmg) Kraig Scarbinsky/iStock, **12** (hg) Sergey Ryzhov/AdobeStock, **12** (hmd) ericmichaud/iStock, **12** (hd) LIGHTFIELD STUDIOS/AdobeStock, **12** (hmg) kdshutterman/123rf, **12** (mmd) bullltus/123rf, **12** (md) Pornpimon narmsena/123rf, **12** (bhg) SerrNovik/iStock, **12** (bbg) monkeybusinessimages/iStock, **13** (md) tandav/AdobeStock, **14** (md) goodluz/AdobseStock, **14** (hg) Ridofranz/iStock, **14** (mg) chuckcollier/iStock, **14** (hd) Cathy Yeulet/123rf, **14** (bm) FatCamera/iStock, **16** (carte) ailaiquit/AdobeStock, **18** (a) Nikita/AdobeStock, **18** (b) Dronathan Davis/AdobeStock, **18** (c) M.studio/AdobeStock, **18** (d) Fabian Petzold/AdobeStock, **18** (e) Urška Batistic/iStock, **18** (f) Ljupco Smokovski/Shutterstock, **19** (hd) Regormark/AdobeStock, **19** (b) Tetiana Maltseva/Shutterstock, **20** (1) Inna/AdobeStock, **20** (2) New Africa/AdobeStock, **20** (3) damircudic/iStock, **20** (4) kali9/iStock, **20** (5) DarthArt/iStock, **20** (6) pioneer111/AdobeStock, **20** (7) jovannig/AdobeStock, **20** (8) Konstantinos Moraiti/AdobeStock, **21** (md) Elenarts/AdobeStock, **21** (hd) 123levit/AdobeStock, **21** (mg) gavris_sergey/AdobeStock, **21** (hg) Elenarts/AdobeStock, **24** (b) Conçu par Freepik, **24** (hmg(2)) Aaron Amat/AdobeStock, **24** (hmg(1)) Robert Kneschke/AdobeStock, **24** (hg(2)) MidoSemsem/AdobeStock, **24** (hmd) PhotoKD/AdobeStock, **24** (hg(1)) VanderWolf Images/AdobeStock, **24** (hd) sweetym/iStock, **25** (bd) Robert Kneschke/AdobeStock, **25** (bm) Sylvie Thenard/AdobeStock, **26** (bm) eclipse_images/iStock, **26** (hg) CHARLY TRIBALLEAU/AFP, **26** (hmg) MYCHELE DANIAU/AFP, **26** (hmd) Stuart Monk/AdobeStock, **26** (hd) Wolfgang Kaehler/LightRocket via Getty Images, **28** (hd) djedzura/iStock, **28** (hg,m et b) Conçu par Freepik, **31** (a) Nichizhenova Elena/AdobeStock, **31** (b) Natallia Vintsik/AdobeStock, **31** (c) biker3/AdobeStock, **31** (d) WavebreakMediaMicro/AdobeStock, **31** (bd) LIGHTFIELD STUDIOS/AdobeStock, **32** (a) Dmitriy/AdobeStock, **32** (b) rhjelsand/iStock, **32** (c) dnaveh/iStock, **32** (d) jollier_/AdobeStock, **32** (e) Saltodemata/AdobeStock, **32** (f) didecs/AdobeStock, **35** (bd(1)) Eric Hood/AdobeStock, **35** (bd(2)) cdecarpentrie/AdobeStock, **35** (bd(3)) Yuriy Afonkin/AdobeStock, **35** (bd(4)) cdecarpentrie/AdobeStock, **35** (bd(5)) Brian Jackson/AdobeStock, **35** (bd(6)) Juris Sturainis/AdobeStock, **35** (bd(7)) sveta/AdobeStock, **35** (bd(8)) Saskia Massink/AdobeStock, **38** (hm) marrakeshh/AdobeStock, **38** (hd) StockphotoVideo/AdobeStock, **38** (mg) PuspaSwara/iStock, **38** (mm) aakriti/AdobeStock, **38** (md) paul_brighton/AdobeStock, **38** (bm) kolinko_tanya/AdobeStock, **38** (hg) ALF photo/AdobeStock, **42** (hmg) beatzboyz21/AdobeStock, **42** (hm) SeanPavonePhoto/AdobeStock, **42** (hd) Andrea/AdobeStock, **42** (hg) piovesempre/iStock, **42** (hmd) JZhuk/iStock, **42** (b(1)) lpictures/AdobeStock, **42** (b(2)) Damien Pérouse/AdobeStock, **42** (b(5 et 8)) ksena32/AdobeStock, **42** (b(4 et 7)) Africa Studio/AdobeStock, **43** (mg) asbe/iStock, **43** (mmg) Iriana Shiyan/AdobeStock, **43** (mmd) Camanettes/AdobeStock, **43** (md) virtua73/AdobeStock, **44** (b) Cathy Yeulet/123rf, **45** (2) Eléonore H/AdobeStock, **45** (6) Imgorthand/iStock, **45** (4) Sven Bähren/AdobeStock, **45** (1) JZhuk/iStock, **45** (3) beatzboyz21/AdobeStock, **45** (5) SeanPavonePhoto/AdobeStock, **50** (hd) zulnazir/iStock, **50** (hmg) P_Brien/iStock, **50** (hmg) PicturePartners/iStock, **50** (hmd) Art Directors & TRIP/Alamy Stock Photo, **50** (hg) saran_poroong/AdobeStock, **50** (bm) JohnnyGreig/iStock, **56** (hm) Belokoni Dmitri/AdobeStock, **56** (hmg) M.studio/AdobeStock, **56** (hd) Alex/AdobeStock, **56** (hg) Benjamin LEFEBVRE/AdobeStock, **56** (hmd) goolyash/AdobeStock, **57** (mm) Belokoni Dmitri/AdobeStock, **57** (mb) Benjamin LEFEBVRE/AdobeStock, **57** (mh) goolyash/AdobeStock, **60** (h(1)) photoncatcher36/AdobeStock, **60** (h(2)) yanlev/123rf, **60** (h(3)) zsv3207/AdobeStock, **60** (h(4)) Thi Soares/AdobeStock, **60** (m(1)) Dmitry Perov/AdobeStock, **60** (m(2)) Tatyana Nyshko/AdobeStock, **60** (m(3)) STUDIO GRAND OUEST/AdobeStock, **60** (m(4)) Yael Weiss/AdobeStock, **61** (md) Yael Weiss/AdobeStock, **61** (mm) Thi Soares/AdobeStock, **61** (mg) photoncatcher36/AdobeStock, **61** (hd) Yael Weiss/AdobeStock, **61** (bg) Yael Weiss/AdobeStock, **61** (bd) zsv3207/AdobeStock, **61** (bm) yanlev/123rf, **62** (hg) paylessimages/AdobeStock, **62** (hmg) hopsalka/123rf, **62** (hmd) Akchamczuk/iStock, **62** (hd) javarman/AdobeStock, **62** (bg) Yuriy Shevtsov/123rf, **62** (bmg) GVictoria/AdobeStock, **62** (bm) Daria Filimonova/123rf, **62** (bmd) Marilyn Nieves/iStock, **62** (bd) khosrork/AdobeStock, **70** (bg) olhastock/AdobeStock, **70** (bd) Frank Wagner/AdobeStock, **73** (md) La Cité des sciences et de l'industrie, à Paris. Au premier plan, la Géode/photo: Christian Mueller/iStock, **74** (hg) ANTITESI/iStock, **74** (hd) Fabien R.C./AdobeStock, **74** (mg) sunftaka77/AdobeStock, **74** (hd) Filip Fuxa/123rf, **74** (bm) dieter76/AdobeStock, **92** (mg) Evgeniy Skripnichenko/iStock, **92** (mm) Apart Foto/AdobeStock.
Drapeaux : GeoAtlas/Graphi-Ogre.

DR : Malgré nos efforts, il nous a été impossible de joindre certains photographes ou leurs ayants droit, ainsi que les éditeurs ou leurs ayants droit pour certains documents, afin de solliciter l'autorisation de reproduction, mais nous avons naturellement réservé en notre comptabilité des droits usuels.

Édition : Laurie Péan, Pascale Spitz
Iconographie : Chloé Lecarpentier
Illustrations : Didier Guagliano, Élise Catros, Laura Csajagi et Sylvie Eder
Couverture : Nicolas Piroux
Conception de la maquette : Sébastien Jenger – Primo&Primo
Mise en page : Joëlle Parreau
Fabrication : Christelle Daubignard
Composition et interprétation des chansons : Jérôme Isaac et Renaud Penaranda
Mixage : Jean-Loup Morette – Eurodvd
Montage master : Pierre Rochet – Eurodvd

Merci à Heidi, Philéas, Anthéa (hautbois) et Sarah Moreau (flûte traversière) pour leur participation aux chansons !

  = didierfle.app Accès aux audios.

« Le photocopillage, c'est l'usage abusif et collectif de la photocopie sans autorisation des auteurs et des éditeurs. Largement répandu dans les établissements d'enseignement, le photocopillage menace l'avenir du livre, car il met en danger son équilibre économique. Il prive les auteurs d'une juste rémunération. En dehors de l'usage privé du copiste, toute reproduction totale ou partielle de cet ouvrage est interdite. »

« La loi du 11 mars 1957 n'autorisant, au terme des alinéas 2 et 3 de l'article 41, d'une part, que les copies ou reproductions strictement réservées à l'usage privé du copiste et non destinées à une utilisation collective » et, d'autre part, que les analyses et les courtes citations dans un but d'exemple et d'illustration, « toute représentation ou reproduction intégrale, ou partielle, faite sans le consentement de l'auteur ou de ses ayants droit ou ayants cause, est illicite. » (alinéa 1er de l'article 40) « Cette représentation ou reproduction, par quelque procédé que ce soit, constituerait donc une contrefaçon sanctionnée par les articles 425 et suivants du Code pénal. »

éditions didier s'engagent pour l'environnement en réduisant l'empreinte carbone de leurs livres. Celle de cet exemplaire est de : 650 g éq. CO_2
Rendez-vous sur www.editionsdidier-durable.fr

© Didier FLE, une marque des Éditions Hatier, Paris 2024
ISBN : 978-2-278-11309-5
Achevé d'imprimer en Italie par Lego (Lavis) en août 2024.
Dépôt légal : 11309/01

On se retrouve !

Bonjour, c'est moi !

Mon nom :

Je ....
....

Ma couleur préférée

Mon âge :

J'ai .... ans.

Mon animal préféré :

☺ J'aime...

☹ Je n'aime pas...

On se retrouve !

  **1** a. Lis, écoute et coche le bon texte.

☐ Éric a une sœur, deux frères et un chat.

☐ Éric a deux sœurs, un frère et un chien.

☐ Éric a un frère, il n'a pas de sœur et il a un chien.

b. À toi ! Entoure, écris et parle avec un(e) camarade.
Tu as des frères et sœurs ?

❶ Je n'ai pas de frère.   ❷ Je n'ai pas de sœur.

❸ J'ai un frère.   ❹ J'ai une sœur.

❺ J'ai …. frères.   ❻ J'ai …. sœurs.

2 a. Imagine une famille d'extraterrestres !
Relie les têtes avec les corps.

b. Présente la famille d'extraterrestres à ton / ta camarade.
Qui c'est ? Comment il / elle est ?

3 C'est la rentrée ! Lis et entoure les affaires de Lucie.

Je veux mon livre de français, mon stylo bleu et mon stylo rouge, mon cahier bleu, ma trousse, mon crayon et ma gomme !

Unité 1 — Les correspondant(e)s de Lilly et Manon

Leçon 1

Les correspondants, ils sont comment ?

1 Lis et complète les images.

Cheveux : longs et roux
Yeux : verts

Cheveux : courts et bruns
Yeux : marron

Cheveux : longs et blonds
Yeux : bleus

2  Regarde les dessins. Écoute le petit dialogue et entoure la correspondante préférée de Lilly.

Leçon 1 — Les correspondants, ils sont comment ?

3 Choisis un personnage du livre et fais deviner à un(e) camarade.

Il est grand ?

Il a les cheveux bruns et courts ?
Il a les yeux bleus ?

Non !

Non !

4 Entoure le bon mot.

a Pablo, il **a** / **est** les cheveux bruns et il **a** / **est** drôle.

b Carmen, tu **as** / **es** les yeux marron et tu **as** / **es** grande !

c Salut, c'est Alima ! **J'ai** / **Je suis** les yeux verts et j'ai / je suis sympa !

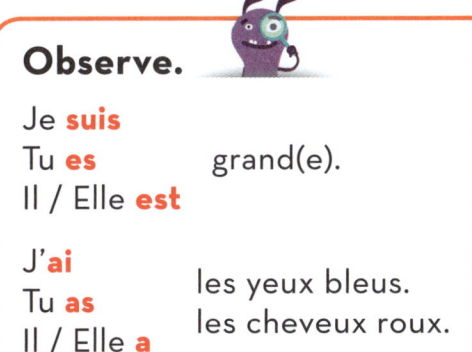

Observe.

Je **suis**
Tu **es**   grand(e).
Il / Elle **est**

J'**ai**
Tu **as**   les yeux bleus.
Il / Elle **a**   les cheveux roux.

5 Comment tu es ? Et ton / ta meilleur(e) ami(e), comment il / elle est ? Dessine et écris.

Moi

J'ai les yeux .... et
j'ai les cheveux ....
Je suis ....

Mon ami(e)

Il / Elle .... et
il / elle ....
Il / Elle ....

Unité 1 — Les correspondant(e)s de Lilly et Manon

Leçon 2

Parle de ton / ta correspondant(e) !

1 Observe et complète.

🇨🇳 Langue

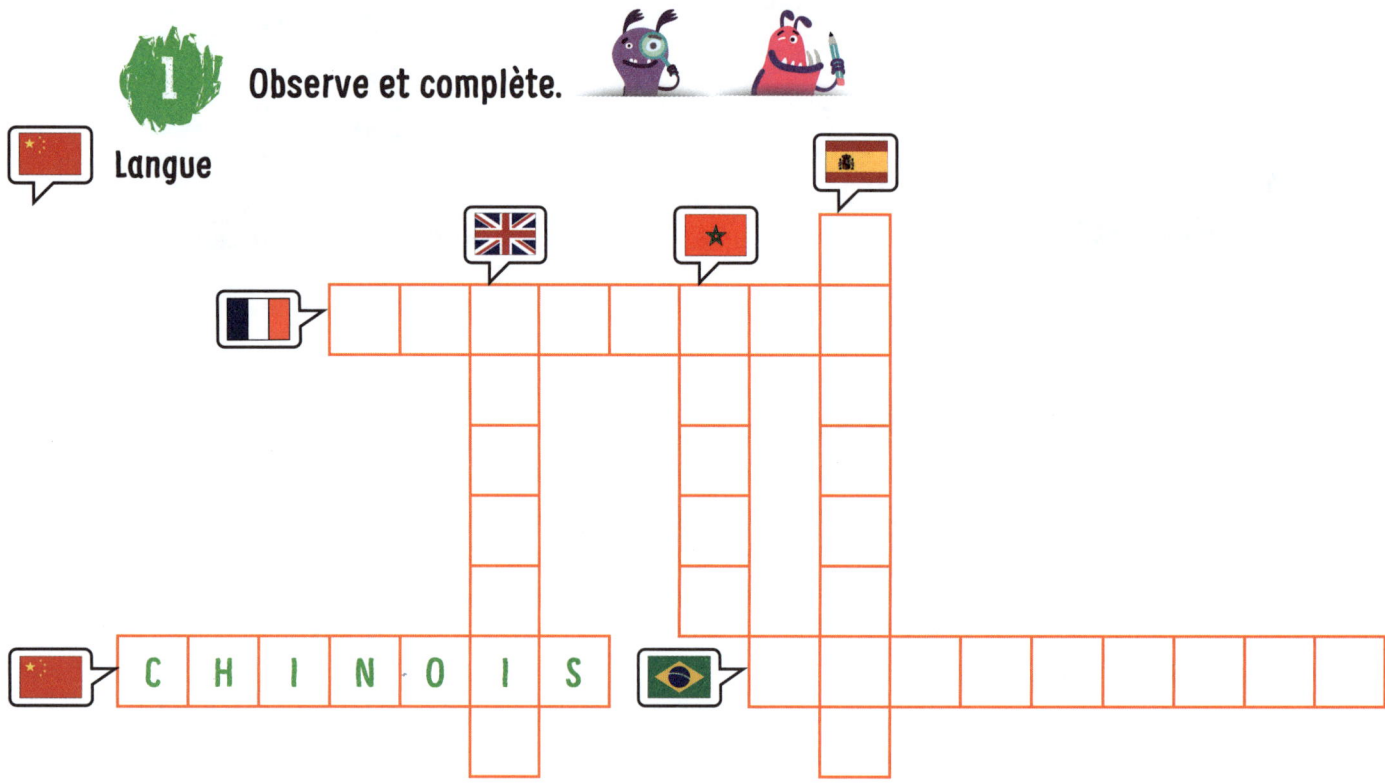

(Mots croisés : FRANÇAIS, ANGLAIS, MAROCAIN, ESPAGNOL, CHINOIS, BRÉSILIEN)

2 Écoute et entoure dans la bonne couleur.

 Émilie — chinois / chinoise — chinois

 Lan — français / (française) — (français)

 Mohamed — brésilien / brésilienne — portugais / (anglais)

 Paulo — marocain / marocaine — arabe

Leçon 2 — Parle de ton / ta correspondant(e) !

 **3** Lis et entoure le bon mot.

Lilly habite en France. Elle est **français / française**. Elle parle français avec ses parents.

Sa grand-mère est **chinois / chinoise** et elle parle chinois avec Lilly.

Sa correspondante Ana est **brésilien / brésilienne**.

Observe.

Il est français / anglais / chinois / marocain / espagnol.
Elle est français**e** / anglais**e** / chinois**e** / marocain**e** / espagnol**e**.
Attention :
Il est brésilien.
Elle est brésilie**nne**.

  **4** Écoute Ana, lis et barre l'erreur.

Carte de correspondant

Nom : Ana
Pays : Brésil
Nationalité : brésilienne
Langues : portugais, français et anglais

 **5** Complète la fiche.

- Ton pays : ....
- Ta nationalité : Je suis ....
- Ta / Tes langue(s) :
— Je parle .... avec ....
— Je parle .... avec ....

Unité 1 — Les correspondant(e)s de Lilly et Manon

Leçon 3

Quel métier tu veux faire plus tard ?

1 Écoute « La chanson des métiers » et relie avec la bonne étiquette.

policière — chanteuse — docteur — pompière

2 Qu'est-ce qu'il / elle dit ? Suis le chemin et écris le mot.

Je veux être ....

Je veux être ....

Je veux être ....

Je veux être ....

3 Mime un métier ! Ton / Ta camarade devine.

Leçon 3 — Quel métier tu veux faire plus tard ?

4 Complète la lettre de Manon.

> Salut Carmen,
>
> Ça va ?
>
> Mon frère adore les animaux, il veut être ……………………………………
>
> Moi j'adore la musique, j'adore danser, je veux être ……………………………………
>
> Et toi ? Quel métier tu veux faire plus tard ?
>
>   Bisous
>   Manon

5 À toi ! Qu'est-ce que tu veux faire plus tard ? Écris.

Plus tard, je veux être ……………………………………………………………………

RÉCRÉ À SONS

1 🎧 7 Écoute et entoure les images quand tu entends le son [s].

2 Lis et entoure la / les lettre(s) du son [s].

danseur   France   policier   français   poisson

Unité 1 — Les correspondant(e)s de Lilly et Manon

Leçon 4

Je cuisine bien, et toi ?

1 Écoute et entoure les paires de la même couleur.

 Je joue au football.

 Je dessine.

 Je danse.

 Je cuisine.

 Je travaille.

 Je range.

 Je chante.

 Je nage.

2 Lis, relie et parle avec un(e) camarade.

Je dessine bien, et toi ? • • Moi aussi.

Je cuisine bien, et toi ? • • Moi, pas très bien.

Je joue bien au football, et toi ? • • Moi aussi.

Je nage bien, et toi ? • • Moi, pas très bien.

Leçon 4 — Je cuisine bien, et toi ?

3 Complète.

Exemple : (cuisiner) Je cuisine bien !

a. (dessiner) Je dessin........ très bien ! Et toi ?
b. (nager) : Pablo, il nag........ bien ! Il est fort !
c. (chanter) Moi et mon frère, on chant........ super bien !
d. (danser) : Tu chantes bien ! Et tu dans........ bien ?

Observe.

Parler → Parl**er**
Je parl**e**.
Tu parl**es**.
Il / Elle / On parl**e**.

4 a. Lis le mail de Carmen et dessine la photo de ses vacances.

Salut Manon,

J'adore la mer ! J'adore nager et je nage très bien !

Regarde ma photo de vacances !

Carmen

b. Complète la réponse de Manon. Aide-toi des dessins.

Salut Carmen !

Moi ...., je .... bien !
Regarde la photo !

J'aime aussi cuisiner. Avec Maman,
je .... très bien ! Et toi ?

Manon

Toi, moi, nous !

Un monde de langues !

 1 Écoute et écris le bon numéro.

2 À toi ! Complète.

Dans mon pays, on parle .... langue(s).
Moi, je parle bien .... langue(s)

 **3** Écoute et entoure le français.

Sprichst du Französich?

Tu parles français ?

Parli francese?

ты говоришь на французском?

Rimes et chansons

AU FEU LES POMPIERS !

  Écoute et chante la comptine.

Mon passeport de français

Qu'est-ce que tu fais bien ?
Dessine.

À TOI !

☐ Je décris comment je suis.

☐ Je chante « La chanson des métiers ».

J'explore

Aujourd'hui, on fait... de la géographie !

1 **a.** Écoute et relie.

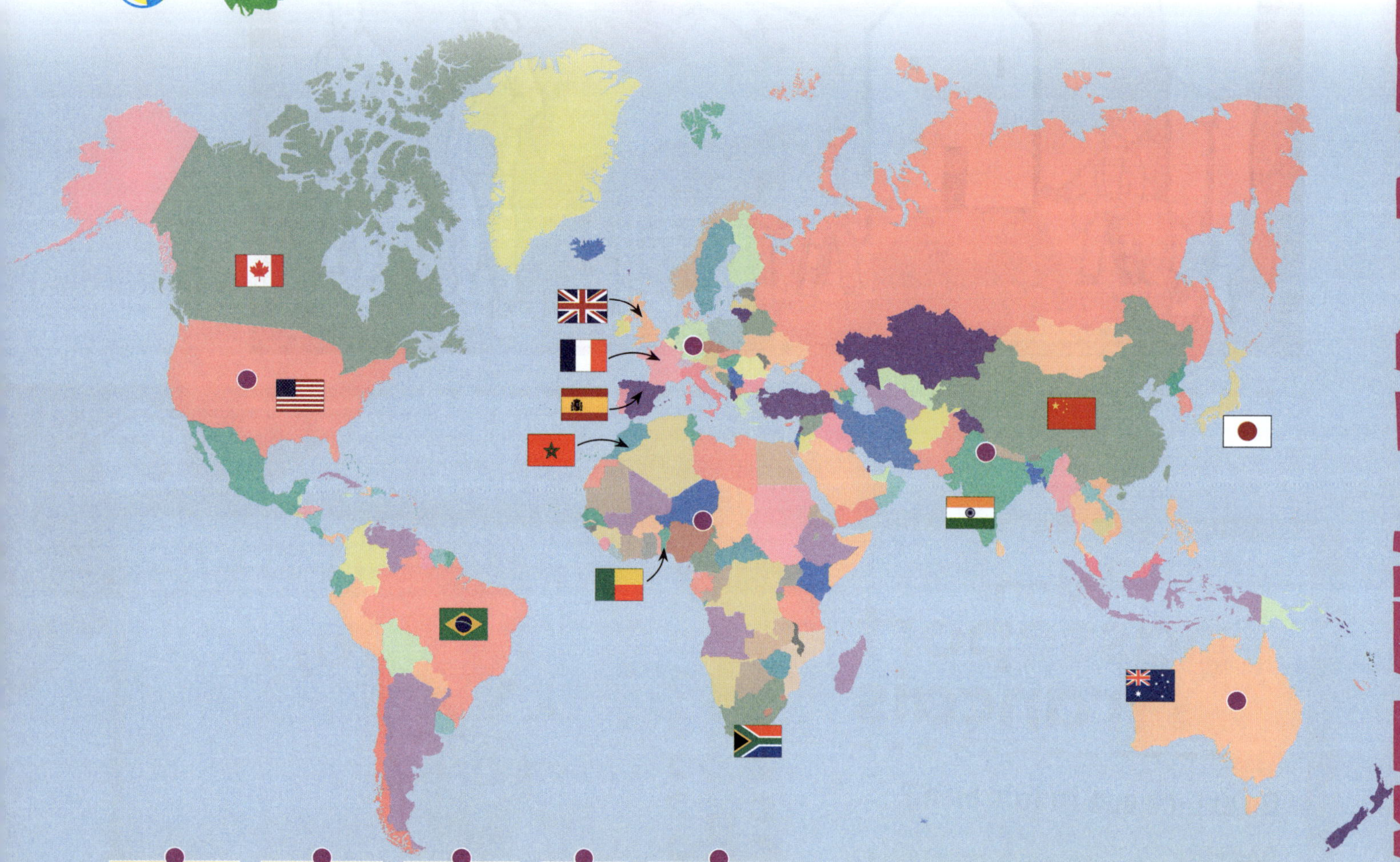

Océanie Afrique Europe Asie Amérique

b. À toi ! Écris en français le nom de ton pays et dessine ton drapeau.

Le nom de mon pays :
....

Le drapeau de mon pays :

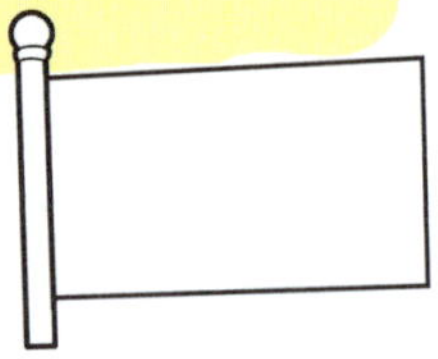

2 Tu habites sur quel continent ? Écris.

J'habite en ....

Relève les défis !

Aide tes correspondants ! Réponds aux questions.

Défi 1 : Décris un correspondant. Un(e) camarade devine.

Défi 2 : Dis la nationalité et la langue d'un correspondant du livre. Un(e) camarade devine.

Défi 3 : Quel métier tu veux faire plus tard ? Réponds !

Défi 4 : Je dessine bien, et toi ? Réponds !

Unité 2 — Bonne journée à Pablo et Juliette ! Leçon 1

Comment se passe ta journée ?

1 Observe et relie.

Je dîne. | Je me couche. | Je m'habille. | Je me réveille. | Je petit-déjeune. | Je me lave.

2 Observe, écoute et montre les activités du matin de Pablo et Juliette.

a

b

c

d

e

f

Leçon 1 — Comment se passe ta journée ?

3

a. Observe et complète.

Observe.
Je **me** lève / lave / brosse les dents.
Je **m'**habille.

Tu **te** lèves / laves / brosses les dents.
Tu **t'**habilles.

① Je .... , il est 7 heures, et toi ?

Tu .... , il est quelle heure ?

② — Pablo, tu .... ?

— Oui, je .... !

b. Et toi, tu te lèves le matin, il est quelle heure ? Complète.

Le matin, je me lève, il est .... h ....

4 DELF Prim

Tu racontes tes vacances à ton ami français Pierre.
Observe et écris. Complète la carte postale. Aide-toi des dessins.

Salut Pierre,

Comment ça va ?
Le matin, je .... ,
il est 8 heures. Je .... ,
il est 9 heures.
À midi, je ....
L'après-midi, il fait soleil
et il fait chaud ! Le soir, je
.... , il est 9 heures.
Je .... , il est 10 heures !
Bisous ....

Pierre Aubert
81 rue des roses
86000 Poitiers

Unité 2 — Bonne journée à Pablo et Juliette !

Leçon 2

Comment tu vas à l'école ?

1 Comment il / elle va à l'école ?
Colorie un chemin et dis le transport.

en métro — à vélo — en bus — en voiture

2 Observe, écoute et relie.

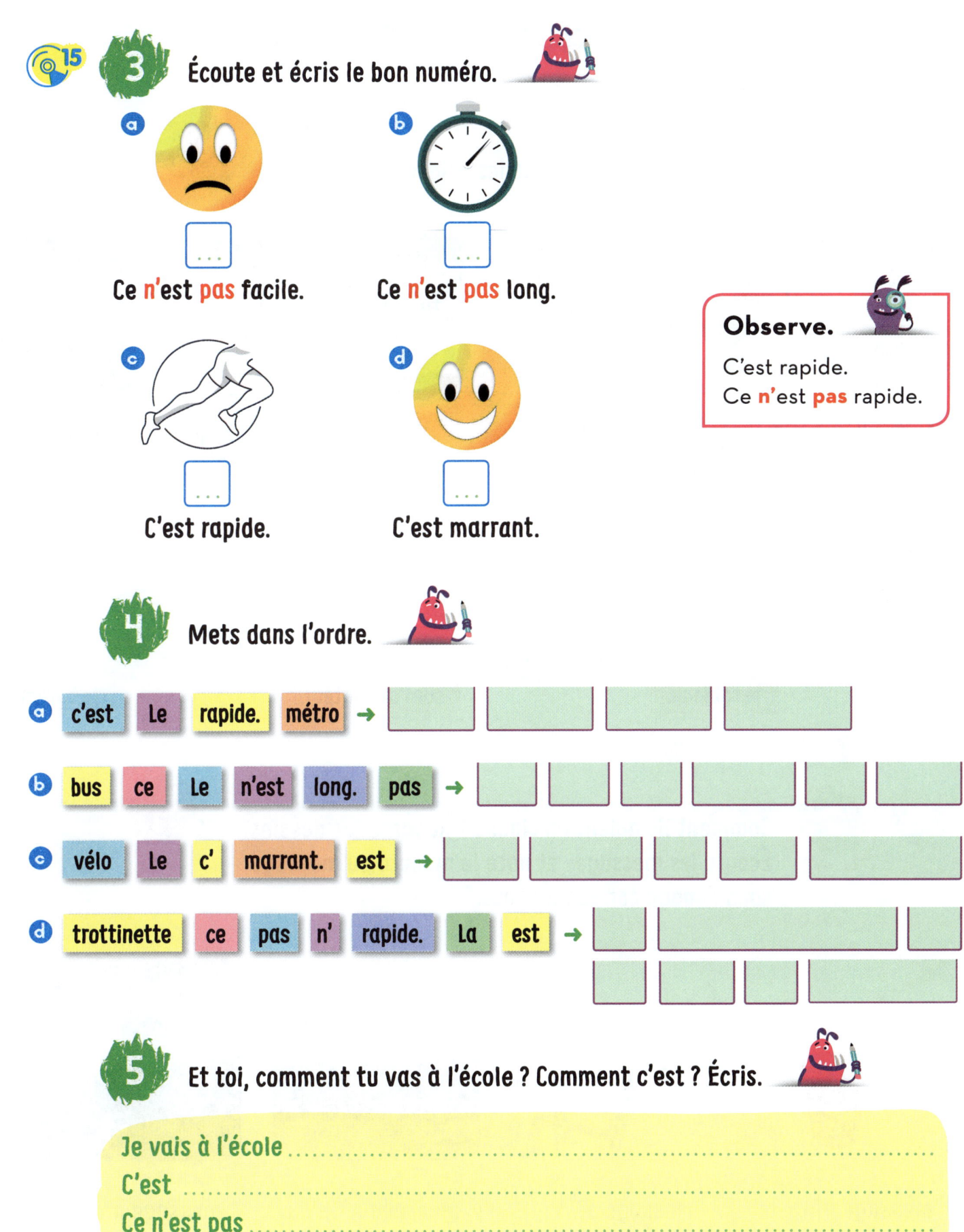

Unité 2 — Bonne journée à Pablo et Juliette !

Leçon 3

Tu aides en classe ?

1 Observe les images et relie les étiquettes.

Je distribue… | J'écris le jour de la semaine… | Je jette les papiers… | J'efface… | Je range | Je range

à la poubelle. | la table et la chaise. | les cahiers.
le tableau. | sur l'ordinateur. | le bureau.

2 Comment ils aident en classe ? Regarde les dessins. Écoute les messages et note le numéro du message sous l'image correspondante.

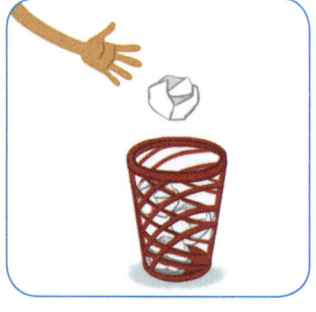   

message n°…… | message n°…… | message n°…… | message n°……

Leçon 3 — Tu aides en classe ?

3 Joue avec un(e) camarade et parle. 3 ❌, c'est gagné !

4 Et toi, tu aides en classe ? Écris.

Oui, en classe, je / j' ....

RÉCRÉ À SONS

1 🔊 17 Écoute les mots et relie avec le cadre [t] ou [d].

[t]   [d]

2 🔊 18 Écoute et répète.

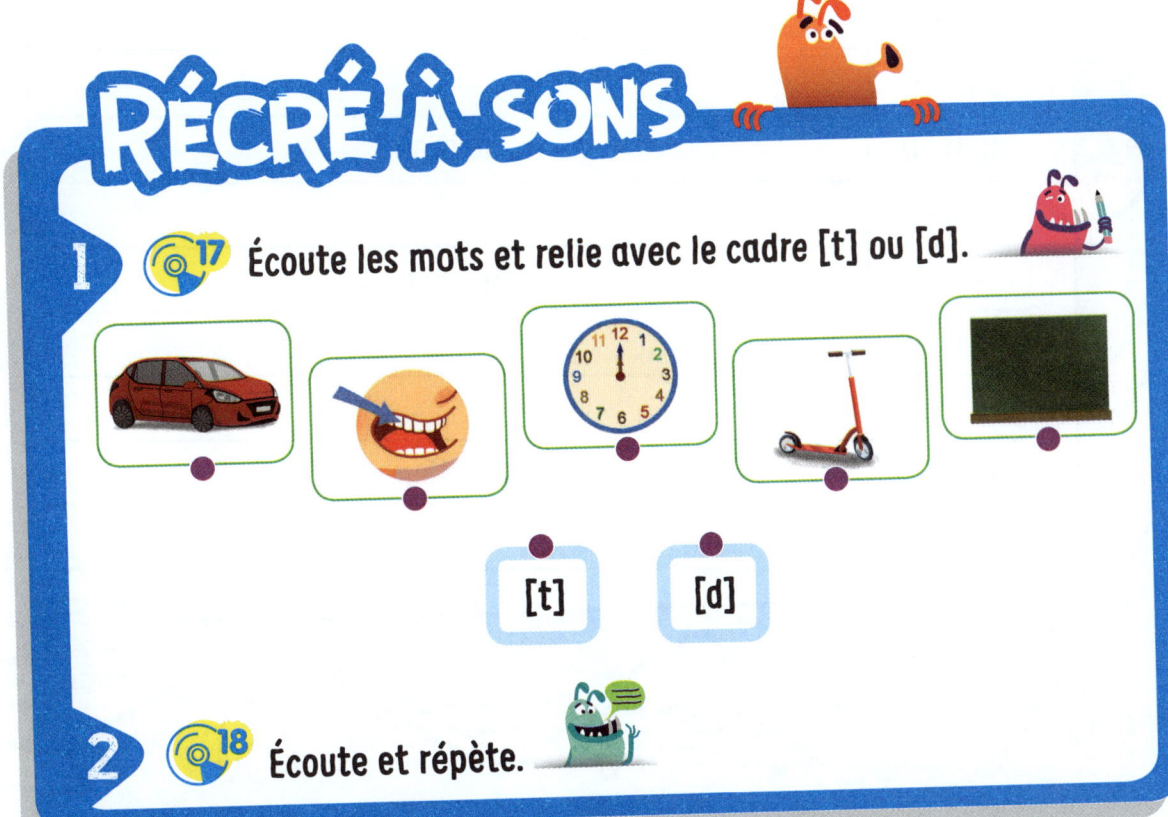

Unité 2 — Bonne journée à Pablo et Juliette !

Leçon 4

Quel est ton emploi du temps ?

1 Écoute et complète l'emploi du temps.

 français
 mathématiques
 sport
 géographie
 informatique
 musique

Emploi du temps

LUNDI

8 H 30	....
9 H 30	....
10 H 30	récréation
10 H 45	....
12 H 00	déjeuner
13 H 15	....
14 H 15	....
15 H 15	récréation
15 H 45	....

Leçon 4 — Quel est ton emploi du temps ?

2 Observe et complète avec « préférer ».

Observe.
Préférer
Je préfère.
Tu préfères.
Il / Elle / On préfère.

Tu n'aimes pas la musique, tu ....

Il n'aime pas les mathématiques, il ....

3 Écris tes matières préférées et parle avec un(e) camarade.

Je ....

4 Écoute et complète les horloges.

 13: ....  10: ....  17: ....

5 À toi ! À quelle heure tu as français aujourd'hui ?

J'ai français à ....

Unité 2

Toi, moi, nous !

En route pour l'école !

1 Écoute et écris le bon numéro.

2 Et toi, tu préfères quel transport pour aller à l'école ?

3 Écoute et entoure le français.

أتمنى لك يوماً سعيداً!

¡Qué tengas un buen día!

Have a good day!

Bonne journée !

4 Écris « Bonne journée ! » dans ta langue.

Rimes et chansons

LA RÉUNION DE FAMILLE (JACQUES CHARPENTREAU)

  Écoute et dis la poésie.

Mon passeport de français

Dessine ton activité préférée de la journée.

À TOI !

- ☐ Je pose la question : « À quelle heure tu te lèves le samedi ? »
- ☐ Je chante la chanson « Dans la classe, on aide tous ! ».
- ☐ Je dis quelle matière je préfère à l'école.
- ☐ Je compte de 20 à 69.

Unité 2

Aujourd'hui, on fait... des mathématiques !

1 Observe et multiplie les couleurs du serpent.

« 3 fois 3 et 4 fois 2. Ça fait 17 ! »

Ça fait .... !

2 Crée ton serpent.
Ton / Ta camarade multiplie.

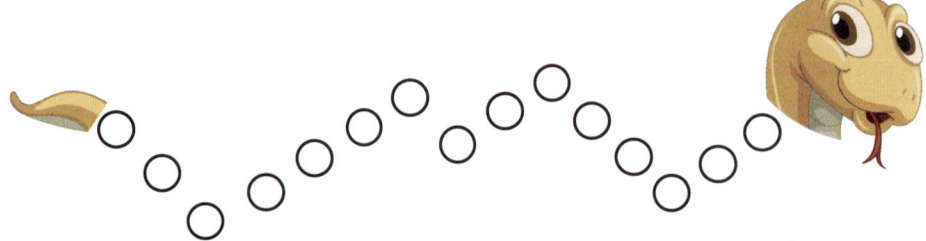

 Arrête l'horloge de folie ! Réponds aux questions.

Défi 1 : Mime 2 actions du matin, 1 action de l'après-midi et 1 action du soir. Ton / Ta camarade devine.

Défi 2 : Demande à un(e) camarade : « Comment tu vas à l'école ? »

Défi 3 : Dis un objet de la classe à ton / ta camarade. Il dit comment il aide. / Elle dit comment elle aide.

Défi 4 : Demande à 2 camarades : « Quelle matière tu préfères ? »

Unité 3 — Mehdi et Louis au carnaval

Leçon 1

Le carnaval, c'est quand ?

1 Lis et mets les dominos dans l'ordre.

janvier	février	avril	mai	octobre	novembre	juillet	août
1		...		...		...	

juin	juillet	novembre	décembre	mai	juin	février	mars
...		...		...		...	

décembre	janvier	mars	avril	septembre	octobre	août	septembre
...		...		...		...	

2 Observe et relie pour former 6 mois.

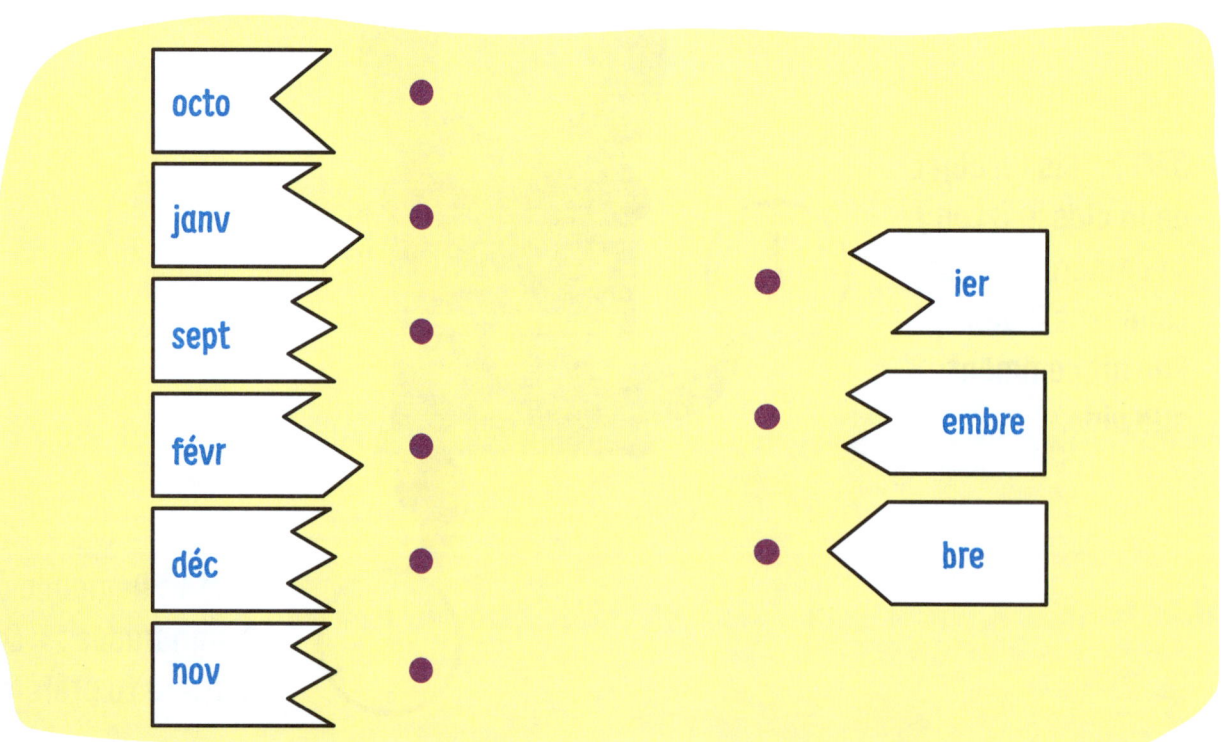

octo • • ier
janv •
sept • • embre
févr •
déc • • bre
nov •

Leçon 1 — Le carnaval, c'est quand ?

3 a. Suis le chemin et écris le mois.

a — le carnaval

b — les grandes vacances

c — la classe verte

d — la rentrée

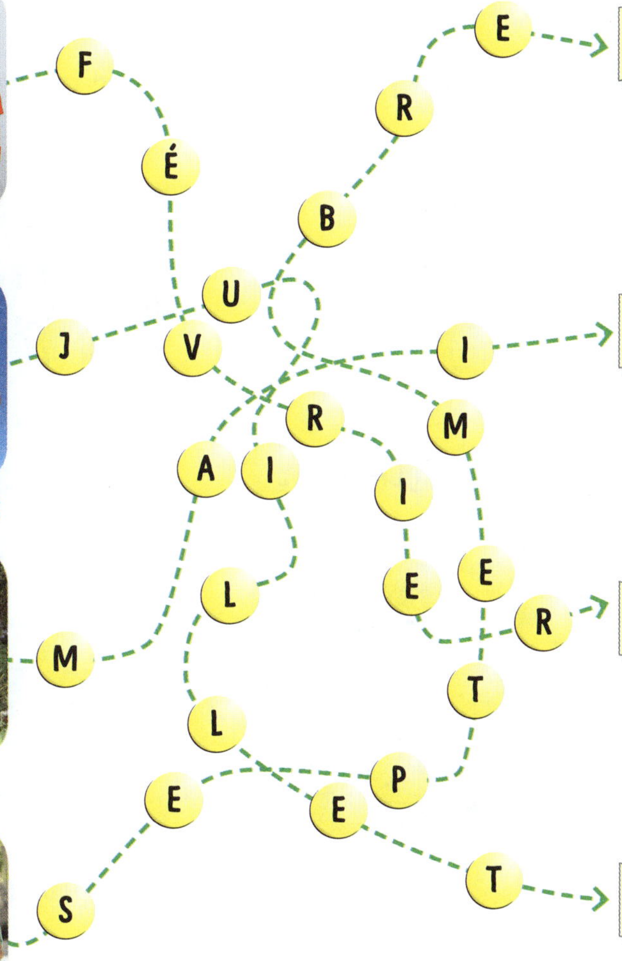

C'est en ....

C'est en ....

C'est en ....

C'est en ....

b. Pose des questions à ton / ta camarade. Il / Elle répond.

« C'est quand le carnaval ? »
« C'est en février. »

4 Il y a une fête dans ton école ? C'est quand ? Écris.

Dans mon école, il y a une fête, ça s'appelle ....
C'est en ....

Unité 3 — Mehdi et Louis au carnaval

Leçon 2

Qu'est-ce que tu vas faire ?

1 Qu'est-ce qu'Emma va faire ? Écoute et barre les intrus.

a. faire des crêpes

b. mettre un déguisement

c. faire un défilé

d. voir un spectacle

e. faire de la musique

f. décorer l'école

2 Lis et complète les phrases.

- Demain, au spectacle de musique, ton frère, il… • • vais manger ! Miam miam !
- Demain, au carnaval, il y a des crêpes et des gâteaux ! Je… • • va faire des crêpes ensemble ?
- Demain, au carnaval, tu… • • va chanter ?
- Demain, au carnaval, on… • • vas danser ?

Observe.

Aujourd'hui	Demain
Je (décore) l'école.	→ Je (vais décorer) l'école.
Tu (fais) un gâteau.	→ Tu (vas faire) un gâteau.
Il / Elle / On (mange) du poulet.	→ Il / Elle / On (va manger) du poulet.

Leçon 2 — Qu'est-ce que tu vas faire ?

3 DELF Prim — Complète l'affiche de Mehdi et Louis.

On va faire un carnaval à l'école !

On ....

On ....

Et on ....

C'est super !

Date : ....

Heure : à 14 heures

RÉCRÉ À SONS

1 🎧 25 Écoute les mots. Entoure quand tu entends le son [ã] de (maman).

2 Dis les 4 mois avec le son [ã].

3 🎧 26 Écoute, répète et réponds.
- Les grandes vacances, c'est en septembre ou en novembre ?
- La rentrée, c'est en décembre ?
- On mange des crêpes quand ? En janvier ?

4 Lis et entoure les lettres du son [ã].

janvier   rentrée   jambe   septembre

Unité 3 Mehdi et Louis au carnaval

Leçon 3

Je veux faire des crêpes, qu'est-ce qu'il faut ?

a. Qu'est-ce qu'il faut ? Écoute et entoure les ingrédients dans la bonne couleur.

le gâteau du carnaval

la compote des super-héros

la tarte des îles

la tartelette du goûter

Ingrédients

œufs — farine

sucre — lait

confiture — chocolat

pommes — bananes

b. Choisis un dessert et dis les ingrédients. Ton / Ta camarade trouve le dessert.

Leçon 3 — Je veux faire des crêpes, qu'est-ce qu'il faut ?

2 Qu'est-ce qu'il faut ? Dessine l'ustensile, relie et dis la phrase.

Il faut une fourchette.   Il faut une assiette.   Il faut une cuillère.

Observe.
Il **faut** un verre, du lait, du sucre…

3 Sépare les mots.

sucrefarinelaitœufsaladierverre

4 Regarde et complète la recette de gaufres de Mehdi. Aide-toi des images.

Recette de gaufres

Il faut :

- un grand ....
- 3 verres de ....
- 6 grandes cuillères de ....
- 4 verres de ....
- 3 ....

Unité 3 — Mehdi et Louis au carnaval

Leçon 4

Tu te déguises en quoi ?

1 Observe et relie.

| un masque | des lunettes | des gants | une ceinture | des bottes | une robe | une cape |

2 Entoure les 5 différences et devine le déguisement d'Ana.

« Euh… Je vais me déguiser en quoi ? »

« Ah, j'adore mon déguisement ! »

Leçon 4 — Tu te déguises en quoi ?

3   Lis et complète.

J'ai deux gant......, dix robe......, des botte......, un masque.

Observe.
- Un gant → deux / trois / quatre... **des** gant**s**
- Une robe → deux / trois / quatre... **des** robe**s**
- Le gant → **les** gant**s**
  La robe → **les** robe**s**

4 DELF Prim  Lis et coche la bonne image.

Elle a une robe bleue, des chaussures bleues, une ceinture rose et un masque blanc. C'est qui ?

☐   ☐   ☐

5 À toi ! Qu'est-ce que tu mets ? Observe et complète.

a) Je mets .... vert.
b) Je mets .... bleues.
c) Je mets .... rouge.
d) Et aussi .... jaune.

Unité 3 — Toi, moi, nous !

Le tour du monde des crêpes

1. a. Écoute et écris le bon numéro.

 …. la galette

 …. le pancake

 …. le blini

 …. le dadar

 …. le dosa

 …. l'injera

b. Écoute, observe et écris « sucré » ou « salé » sous les crêpes de l'activité 1 a.

2. À toi ! Quelle crêpe tu manges à la maison ? Tu préfères les crêpes sucrées ou les crêpes salées ? Parle avec un(e) camarade.

3. Écoute et entoure le français.

- Guten Appetit!
- Chúc ngon miệng!
- 慢慢吃！
- Bon appétit !
- ¡Buen provecho!

Rimes et chansons

Mon cœur (Maurice Carême)

  Écoute et dis la poésie.

Mon passeport de français

Dessine ton déguisement de carnaval.

À TOI !

☐ Je chante « La chanson de l'année ».

☐ Je fais la recette des gaufres de Mehdi avec mes parents.

Aujourd'hui, on fait... de l'éducation civique !

1 Observe et relie.

Avec :   On fait :   Avec :

2 Aide Mehdi ! Fais du tri.
Choisis une poubelle avec un(e) camarade et jette (⁓).

# Relève les défis !

 Prépare le carnaval ! Réponds aux questions.

Défi 1 : Dis les mois de l'année avec un(e) camarade. Il / Elle dit 2 mois, tu dis 2 mois.

Défi 2 : Réponds à la question : « Qu'est-ce que tu vas faire à la fête de l'école ? »

Défi 3 : Tu veux faire des crêpes. Qu'est-ce qu'il faut ?

Défi 4 : Choisis et décris un déguisement de la page. Ton / Ta camarade devine.

Unité 4 — Chez Pablo avec Lilly

Leçon 1

Parle de ta maison !

1 Où va Éric ? Écoute et écris le bon numéro.

la salle de bains …   la chambre …   la cuisine …   le salon …   le jardin …

2 Observe la maison, il manque 2 pièces. Cherche et complète.

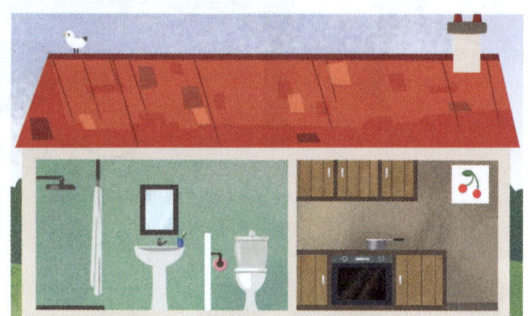

Il manque ……………………
et ……………………

3 Sudoku des objets de la maison. Complète avec les mots.

une BD   des jouets   une serviette   un savon

Leçon 1 — Parle de ta maison !

4 Complète.

Observe.

J'ai **un** savon / **une** bille.	Tu as **un** savon / **une** bille.
↓ ↓	↓ ↓
mon savon **ma** bille	**ton** savon **ta** bille

Il / Elle a **un** savon / **une** bille.
↓ ↓
son savon   **sa** bille

J'ai **des** jouets.	Tu as **des** jouets.
↓	↓
mes jouets	**tes** jouets

Il / Elle a **des** jouets.
↓
ses jouets

a. J'ai un livre, c'est .... livre.
b. J'ai des livres, ce sont .... livres.
c. Tu as une bille, c'est .... bille.
d. Tu as des billes, ce sont .... billes.
e. Il a un jouet, c'est .... jouet.
f. Il a des jouets, ce sont .... jouets.

5 a. Lilly ne range pas bien ! Où sont ses affaires ?
Écoute et entoure les images avec la bonne couleur.

b. Qu'est-ce que dit Lilly ? Complète.

Dans ma chambre, il y a .... et ....

6 À toi ! Qu'est-ce qu'il y a dans ta chambre ?

Dans ma chambre, il y a ....

Leçon 2

Et maintenant, on va dans le salon pour regarder la télévision ?

1 Entoure 4 activités. Quand tu entends tes 4 activités, dis « bingo ».

2 Avec un(e) camarade, fais des phrases drôles. Dis 2 nombres de 1 à 5 et lis ta phrase.

1 - On va dans le salon...   1 - pour mettre la table ?
2 - On va dans la cuisine...   2 - pour regarder la télévision ?
3 - On va dans la chambre...   3 - pour faire les devoirs ?
4 - On va dans la salle de bains... 4 - pour faire de la balançoire ?
5 - On va dans le jardin...   5 - pour dormir ?

On va dans la salle de bains pour faire de la trottinette ?

Leçon 2 — Et maintenant, on va dans le salon pour regarder la télévision ?

3

a. Suis le chemin et joue le dialogue avec ton / ta camarade.

Maintenant, on va dans... pour...

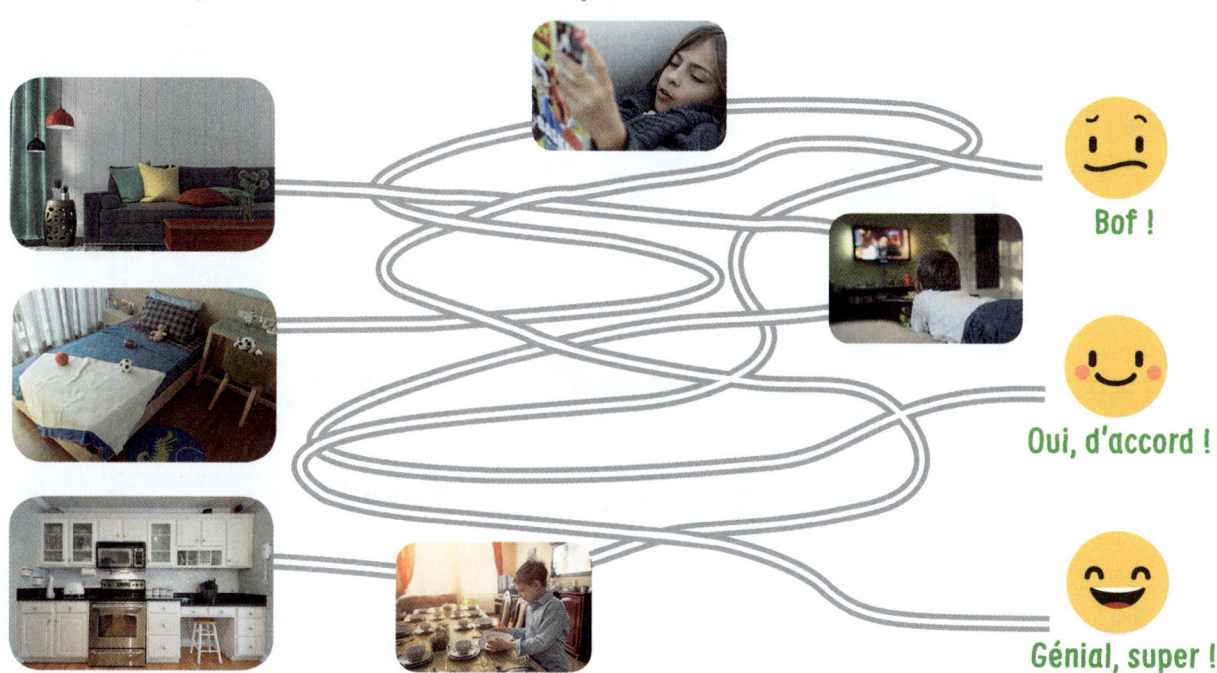

Bof !

Oui, d'accord !

Génial, super !

b. Choisis un chemin du labyrinthe et écris le dialogue.

— Maintenant, on va dans ....
   pour .... ?
— ....

RÉCRÉ À SONS

1 🔊 34 Colorie les images quand tu entends le son [ɛ̃].

    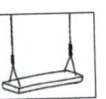  

2 🔊 35 Écoute et répète.

3 Entoure le son [ɛ̃] dans ces mots.

lapin   simple   main   faim   ceinture

Leçon 3

Où est ton ballon ?

1 Complète les dessins et relie avec les étiquettes.

- un tiroir
- un lit
- un coffre à jouets
- un canapé
- un placard
- une fenêtre
- un tapis
- une porte

2 Écoute et entoure les erreurs.

Leçon 3 Où est ton ballon ?

a. Range les affaires de Cédric.
Écoute et dessine les objets au bon endroit.

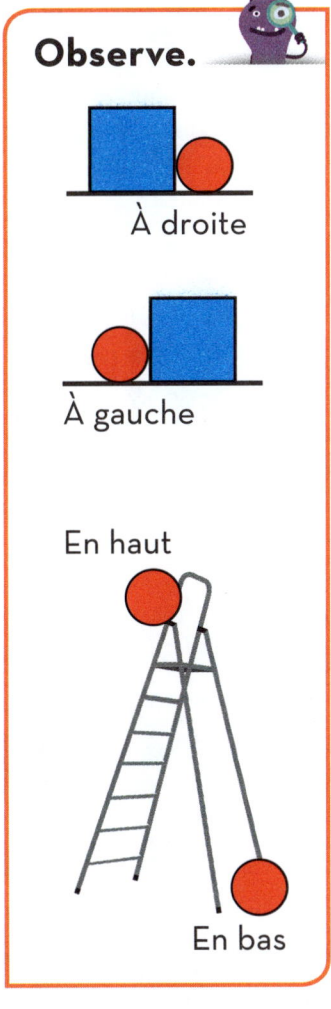

b. Maintenant, les affaires de Cédric sont où ?
Regarde l'image et complète.

❶ Les bonbons sont <u>à gauche</u> dans <u>le tiroir</u>.
❷ Le ballon est .... dans ....
❸ Les billes sont .... sous ....
❹ Les BD sont .... dans ....

Leçon 4

Sors dans le jardin, il fait beau !

  **a.** Écoute les messages et note le numéro du message sous l'image correspondante.

message n°.......
....

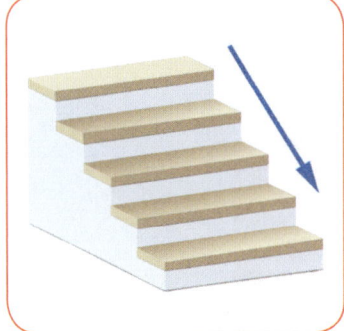

message n°.......
....

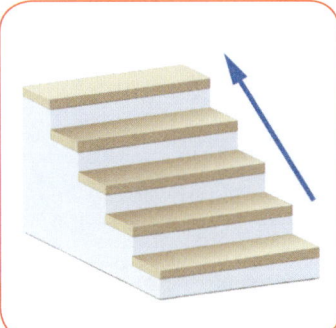

message n°.......
....

message n°.......
....

message n°.......
....

message n°.......
....

b. Observe et écris les mots sous les images de l'activité 1 a.

| Descends ! | Prends ! | Monte ! | Viens ! | Sors ! | Rentre ! |

Leçon 4 Sors dans le jardin, il fait beau !

2 Remets les mots dans l'ordre.

a) monte | ne | pas | ma chambre | dans

Non, ... !

b) pas | prends | mon vélo | ne

Non, ... !

3 Qu'est-ce qu'il faut dire ? Parle avec un(e) camarade et écris.

Non, ... Il pleut !

Observe.
Oui, viens !
↓
Non, **ne** viens **pas** !

Non, ... mon cahier ! Regarde, ton cahier est là !

49

Toi, moi, nous !

Les jeux de société

 **1** Observe, écoute et écris le bon numéro.

2 Et toi, dans ton pays, il y a quels jeux ?

 **3** Comment on dit « On fait un jeu ? » dans le monde ? Écoute et numérote.

vamos jogar?

我们玩游戏吗 ?

Παίζουμε?

W co my gramy?

4 Et toi, comment tu dis « On fait un jeu ? » dans ta langue ?

....

Rimes et chansons

IL ÉTAIT UN PETIT HOMME (PIROUETTE, CACAHUÈTE)

 **1** Écoute et chante la comptine.

Mon passeport de français

Dessine une maison fantastique.

☐ J'écris sur des petits papiers le nom des pièces de ma maison en français. Je colle les petits papiers sur les portes des pièces.

☐ Je cache mon Passe-passe. Je fais deviner à ma famille et je parle en français.

J'explore

Aujourd'hui, on repère... les dangers de la maison !

1 Qu'est-ce qui est dangereux ? Entoure.

2 Écoute et numérote.

| le couteau | la bouteille | le four | la casserole | les médicaments | l'eau | les outils |

Relève les défis !

 Aide Pablo et ses frères à ranger la maison.

Défi 1 : Dis 3 objets de la maison.

Défi 2 : Propose quelque chose à ton / ta voisin(e). Il / elle répond.

Défi 3 : Dis où est le lit. Dis où est la télévision. Utilise « gauche » ou « droite ».

Défi 4 : Il pleut et ton ami(e) sort dans le jardin. Qu'est-ce que tu dis ?

Unité 5 — En ville avec Manon et Juliette

Leçon 1

Vous allez où ? Pourquoi ?

1 a. Lis et écris le nom du magasin.

la boucherie   la pharmacie   le supermarché   la boulangerie

message n°.......

message n°.......

message n°.......

message n°.......

🔊 43 DELF Prim b. Tu vas où pour faire tes courses ? Écoute les messages et note le numéro du message sous l'image correspondante dans l'activité **1** a.

Leçon 1 — Vous allez où ? Pourquoi ?

2 Qu'est-ce que tu veux acheter au supermarché ? Entoure les objets. Présente tes courses à ton / ta camarade.

> Au supermarché, je veux acheter une salade.

3 Tu vas où ? Pourquoi ? Lis et relie les phrases.

Pourquoi...	Parce que...
tu vas à la boulangerie ? •	• je veux acheter des médicaments.
tu vas à la boucherie ? •	• je veux acheter du pain et un gâteau.
tu vas à la pharmacie ? •	• je veux acheter des fruits et des légumes.
tu vas au supermarché ? •	• je veux acheter du poulet.

Observe.
— **Pourquoi** tu vas à la boulangerie ?
— **Parce que** je veux acheter du pain.

4 À toi ! Tu fais les courses pour le goûter. Tu vas où ? Pourquoi ?

Je vais .... parce que je veux acheter ....
....

Et je vais .... je veux acheter ....
....

Unité 5 — En ville avec Manon et Juliette

Leçon 2

Je voudrais une baguette, combien ça coûte ?

1 Relie les images avec les bonnes étiquettes.

| une baguette | un steak | des pâtes | du raisin | un croissant |

2 Observe, écoute et entoure.

3 Complète le dialogue avec les mots suivants :

Je voudrais   Combien ça coûte ?   Ça coûte

Bonjour monsieur ! .... un croissant, s'il vous plaît !

Voilà un croissant !

Merci ! .... ?

.... 2 euros !

Voilà ! Merci, au revoir !

Leçon 2 — Je voudrais une baguette, combien ça coûte ?

4 🎧 45 Entoure 5 prix. Dis « bingo » quand tu entends tes 5 prix.

87 €	80 €	96 €	90 €
76 €	BINGO		93 €
98 €	70 €	84 €	100 €

5 À toi !
Écris ta liste de courses et dis combien ça coûte.

- 1,80 € ....
- 2,70 € ....
- 0,90 € ....

RÉCRÉ À SONS

1 🎧 46 Écoute et entoure en rouge quand tu entends le son [f] et en vert quand tu entends le son [v].

2 🎧 47 Écoute et répète très vite.

3 Comment on écrit le son [f] ? Souligne les lettres.

fourchette   pharmacie

Unité 5 — En ville avec Manon et Juliette

Leçon 3

Où est la gare, s'il te plaît ?

1 a. Lis et dessine le panneau.

| continuer tout droit | tourner à droite | tourner à gauche | traverser le pont | traverser le passage piéton |

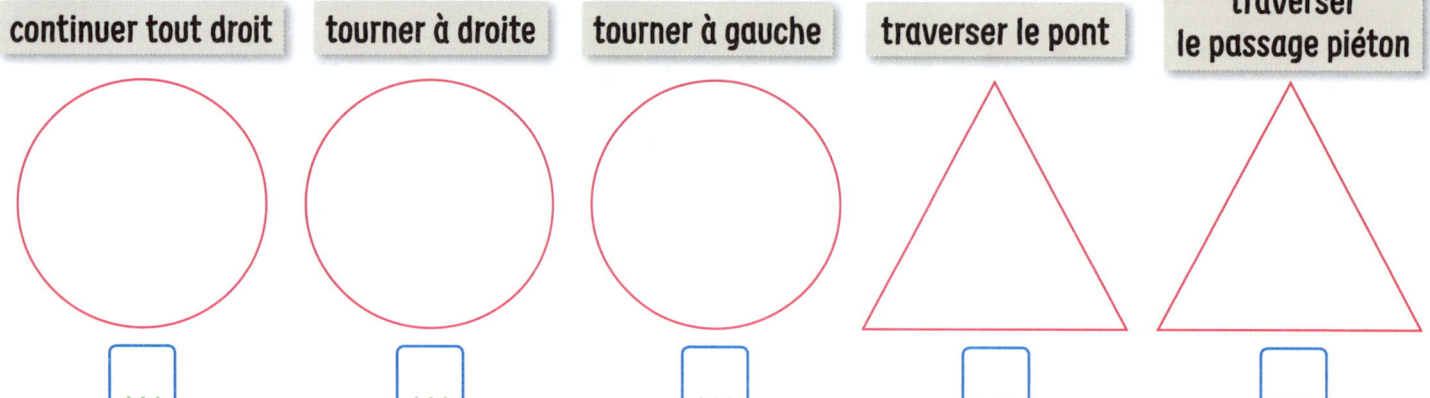

48 b. Écoute et numérote les panneaux de l'activité 1 a.

2 Lis le message et trouve le chemin.

Bonjour Angélique !
Je suis malade 😟
Pour venir chez moi, c'est facile ! C'est à côté de l'école !
Tu dois aller tout droit, rue de la République. Tu dois traverser le pont. Tu dois tourner à droite. Tu dois traverser le passage piéton et tu dois traverser le parc. Et voilà, ma maison est là !
Bisous.
Alexandra

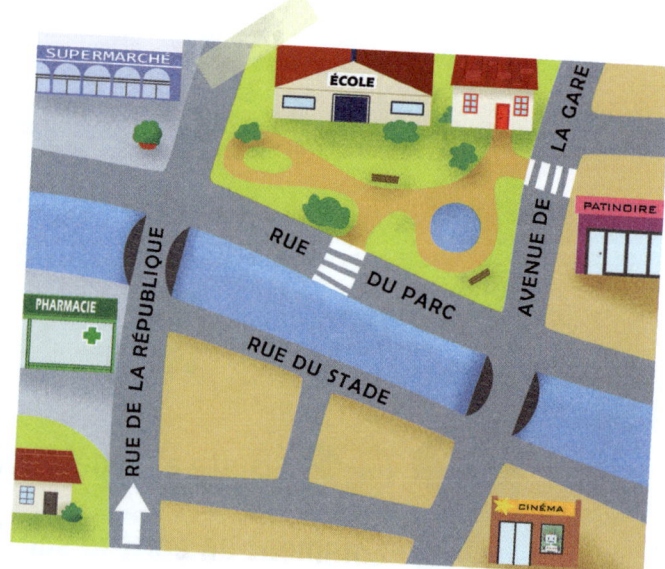

Leçon 3   Où est la gare, s'il te plaît ?

  a. Il va où ? Écoute et écris le bon numéro.

.... Il va à l'hôpital.   .... Il va à la gare.   .... Il va au parc.

.... Il va à la boulangerie.

b. Observe le plan  de l'activité 3 a et complète les phrases.

Observe.
Je **dois**.
Tu **dois**.
Il / Elle / On **doit**.

❶ Je vais à la boulangerie, je dois aller tout droit.

❷ Il va à la ...., il .... traverser le pont.

❸ On va au ...., on .... tourner à gauche.

❹ Tu vas à l'........................, tu .... tourner à droite.

Unité 5 — En ville avec Manon et Juliette

Leçon 4

Tu viens au cinéma avec moi ?

1 Écoute et associe.

le cinéma

la piscine

la patinoire

la bibliothèque

2 Complète avec **moi**, **toi**, **lui** ou **elle**.

a — Salut Juliette, tu viens avec moi au musée ?
— Oui, super, je viens avec .... !

b — Salut Jean, tu viens avec ta sœur à mon anniversaire ?
— Oui, je viens avec ....

c — Tu vas chez Marc ? Il est malade.
— Oui, je vais chez .... avec un beau cadeau !

Observe.

Avec / Chez

Leçon 4 — Tu viens au cinéma avec moi ?

3  Tu viens au musée avec moi ?
Fais tourner ton stylo sur la roue et réponds.

4 Ton ami Pierre te propose de venir au cinéma samedi.
Regarde les images et complète la réponse.

Bonjour Pierre,

Je suis  .... , samedi je vais à la

.... avec mon frère. C'est dommage !

Tu viens avec moi à la  .... dimanche ?
On va bien nager !

Bises.

Unité 5

Toi, moi, nous !

Regarde bien les panneaux !

 1 Écoute et écris le bon numéro.

2 Et toi, quel est ton panneau préféré dans ton pays ?

 **3** Écoute et entoure le français.

 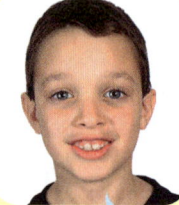   

Achtung! | Attention ! | Look! | ¡Ojo! | إنتباه !

4 Et toi, comment tu dis « Attention ! » dans ta langue ?

Rimes et chansons
Sur le pont d'Avignon

  Écoute et chante la comptine.

Mon passeport de français

Dessine un magasin.

À toi !

- ☐ Je demande à mes parents : « On va où dimanche ? ».
- ☐ Je chante la chanson « Tu vas où ? ».
- ☐ Je demande à un camarade : « Combien ça coûte 3 bonbons et du pain ? ».
- ☐ Je décris ma ville : « Dans ma ville, il y a… »

Unité 5

j'explore

Aujourd'hui, on se repère... dans la ville !

1 Observe et complète le plan avec les mots de l'image.

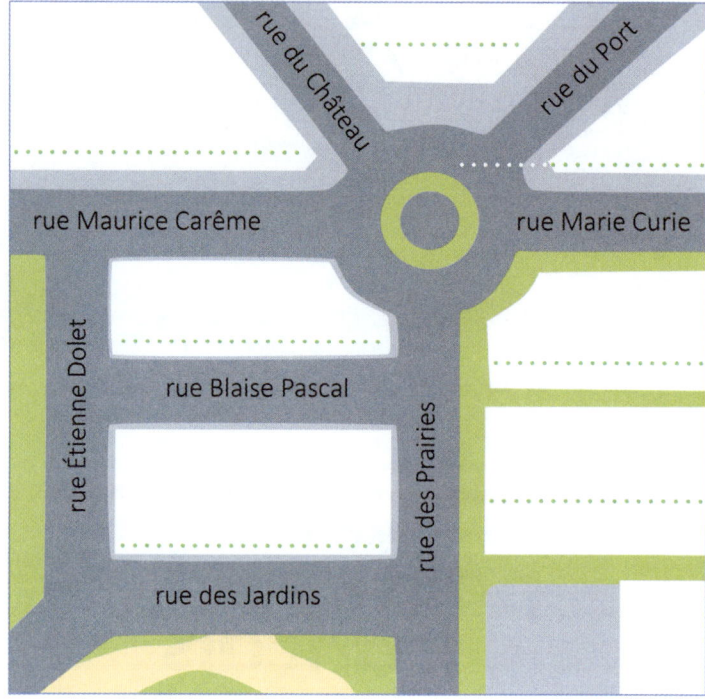

2 Dessine ta rue.

ma maison

Relève les défis !

 Va au cinéma et réponds aux questions.

LES HÉROS DE LA VILLE

CINÉMA

LE CROISSANT MAGIQUE

0,90 €

Défi 1 : Boulangerie, pharmacie, supermarché ou boucherie ? Tu vas où ? Pourquoi ?

Défi 2 : Demande à un(e) camarade : « Combien coûte un croissant ? »

UNE SUPER INVITATION

OH LA LA, JE SUIS PERDU !

Défi 3 : Ton / Ta camarade demande : « Tu viens à la piscine avec moi ? ». Réponds.

Défi 4 : Où est la patinoire ?

Unité 6 — Mehdi et Louis à la campagne

Leçon 1

En automne, qu'est-ce qu'on peut faire ?

1 Lis et dessine les arbres.

a. le printemps

b. l'été

c. l'automne

d. l'hiver

Leçon 1 — En automne, qu'est-ce qu'on peut faire ?

2 Lis, observe et écris la bonne saison.

En ...., on peut ramasser des feuilles.

Au ...., on peut cueillir des fleurs.

En ...., on peut faire un bonhomme de neige.

En ...., on peut jouer sur la plage.

3 🎧 54 Écoute les questions et réponds « oui » ou « non ».

4 Complète les phrases.

> **Observe.**
> Je **peux**.
> Tu **peux**.
> Il / Elle / On **peut**.

a J'adore l'été parce que je .... jouer sur la plage !
b Dans ton pays, en automne, tu .... ramasser des feuilles ?
c Au Mali, en hiver, on ne .... pas faire de bonhomme de neige. Il ne neige pas au Mali !

5 Choisis une saison. Qu'est-ce que tu peux faire dans ton pays ? Écris.

Dans mon pays, en/au ...., je ...., ...

Unité 6 — Mehdi et Louis à la campagne
Leçon 2

Qu'est-ce que vous faites à la campagne ?

1 Observe et dessine.

a. Je grimpe dans les arbres.

b. Je fais du cheval.

c. Je pêche des poissons.

d. Je fais une cabane.

2 Écris.

En vacances, le matin, on (se réveiller) .... à 10 heures,
on (se promener) .... dans la forêt,
on (se coucher) .... le soir, à 9 heures.
On (s'amuser) .... bien !

Observe.

Se promener
Il / Elle / On **se** prom**è**ne.

S'amuser
Il / Elle / On **s'**amuse.

Leçon 2 — Qu'est-ce que vous faites à la campagne ?

 **Tu es en vacances avec ton / ta meilleur(e) ami(e). Écris une carte postale.**

Tu dis : ce que vous faites le matin, l'après-midi et le soir.
Si tu veux, tu peux t'aider des dessins :

Adèle Aubry
3, rue des Fêtes
75019 Paris

RÉCRÉ À SONS

1  Relie les images à la cabane quand tu entends [b] et à la rivière quand tu entends [v].

[b]   [v]

2 Écoute et répète très vite.

Unité 6 — Mehdi et Louis à la campagne

Leçon 3

Nous allons à la ferme ! Comment est la poule ?

1 Trouve et compte les animaux.

Il y a 3 poules, ... ânes, ... mouton, ... vaches, ... poussin ....

2 Mets les lettres dans l'ordre et écris les mots.

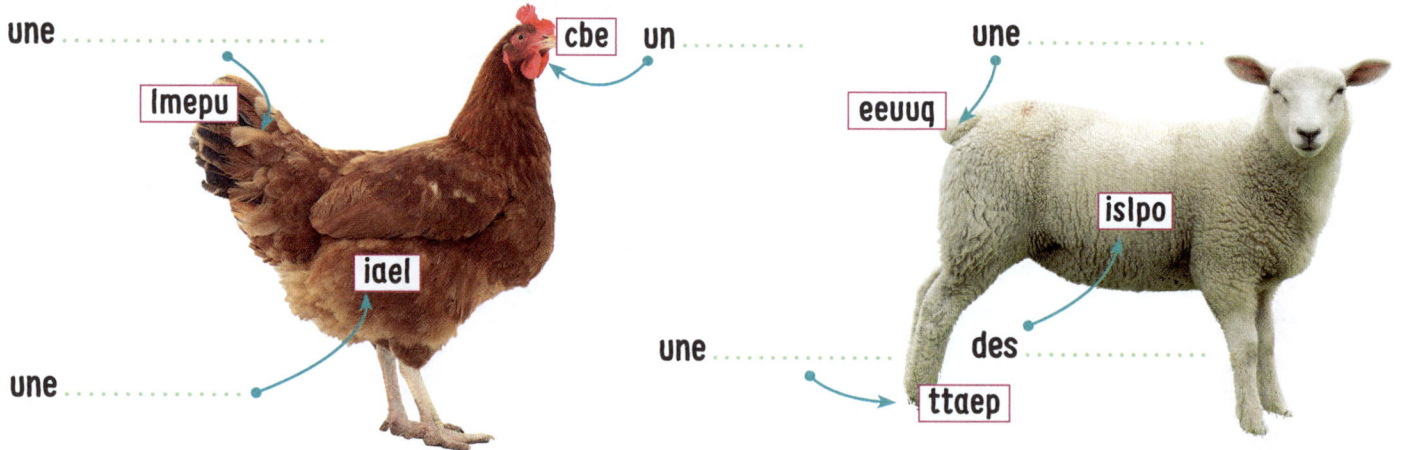

une .... — **lmepu**
un .... — **cbe**
une .... — **iael**
une .... — **eeuuq**
une .... — **islpo**
une .... — **ttaep**
des ....

Leçon 3 — Nous allons à la ferme ! Comment est la poule ?

  **a.** Écoute et colorie.

①

②

③

b. (DELF Prim) Comment est la poule ? Regarde le dessin de l'activité 3 a et complète le texte.

Elle a des ailes blanches.
Elle .... grises.
Elle .... jaunes.
Elle .... orange.

Unité 6 Mehdi et Louis à la campagne

Leçon 4

Hier, qu'est-ce que tu as fait ? Raconte !

1. a. Qui parle ? Regarde l'image, écoute les messages et note le numéro du message à côté du personnage correspondant.

b. Qu'est-ce qu'il / elle dit ? Complète.

Observe.

	Hier,
Manger	j'**ai** mang**é**.
Jouer	j'**ai** jou**é**.
Laver	j'**ai** lav**é**.

J'….. mang….. du fromage !

J'….. achet….. des œufs !

Leçon 4   Hier, qu'est-ce que tu as fait ? Raconte !

2  Complète les phrases.

- a (jouer) Hier, j'.. au foot.
- b (aider) Hier, tu .... ton ami. C'est bien !
- c (regarder) Hier, on .... la télévision.

3  Tu es en vacances à Paris. Hier, qu'est-ce que tu as fait ?
Écris une lettre à ton / ta camarade et dessine les photos.

Salut Pierre !

Paris, c'est génial !
Hier, ... la Cité des sciences et
.... des cadeaux pour mes amis.
Le soir, ... un bon steak avec
une salade au restaurant.
J'adore Paris !

Bisous

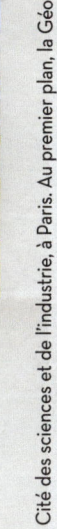
La Cité des sciences et de l'industrie, à Paris. Au premier plan, la Géode.

Unité 6 — Toi, moi, nous !

Des arbres magnifiques !

 **1** Écoute et trouve le bon arbre.

 **2** Écoute et écris le bon numéro.

Grimpe dans l'arbre !

تسلّق الشجرة !

Urcați în copac!

¡Sube al árbol!

Rimes et chansons

L'OISEAU BLEU (Toussaint Cossy Guénou)

  Écoute et dis la poésie.

Mon passeport de français

Dessine ton animal de la ferme préféré.

À TOI !

- ☐ Je chante la chanson « Les animaux de ma ferme ».
- ☐ Je dis les 4 saisons à ma famille.

Aujourd'hui, on découvre... le monde du vivant !

1
a. Remets dans le bon ordre.
Observe et écris le bon numéro.

DE LA GRAINE À L'ARBRE

b. Colorie :

- la graine en noir.
- les racines en marron. C'est sous la terre.
- les feuilles en vert.
- les fleurs en rose.
- les fruits en rouge.

Relève les défis !

 Réponds aux questions avec les animaux de la ferme !

Défi 1 : Qu'est-ce qu'on peut faire en été ?

Défi 2 : En vacances, à la campagne, qu'est-ce que tu fais ?

Défi 3 : Demande à un(e) camarade : « Comment est la poule ? »

Défi 4 : Hier, qu'est-ce que tu as mangé ?

Mon dico illustré

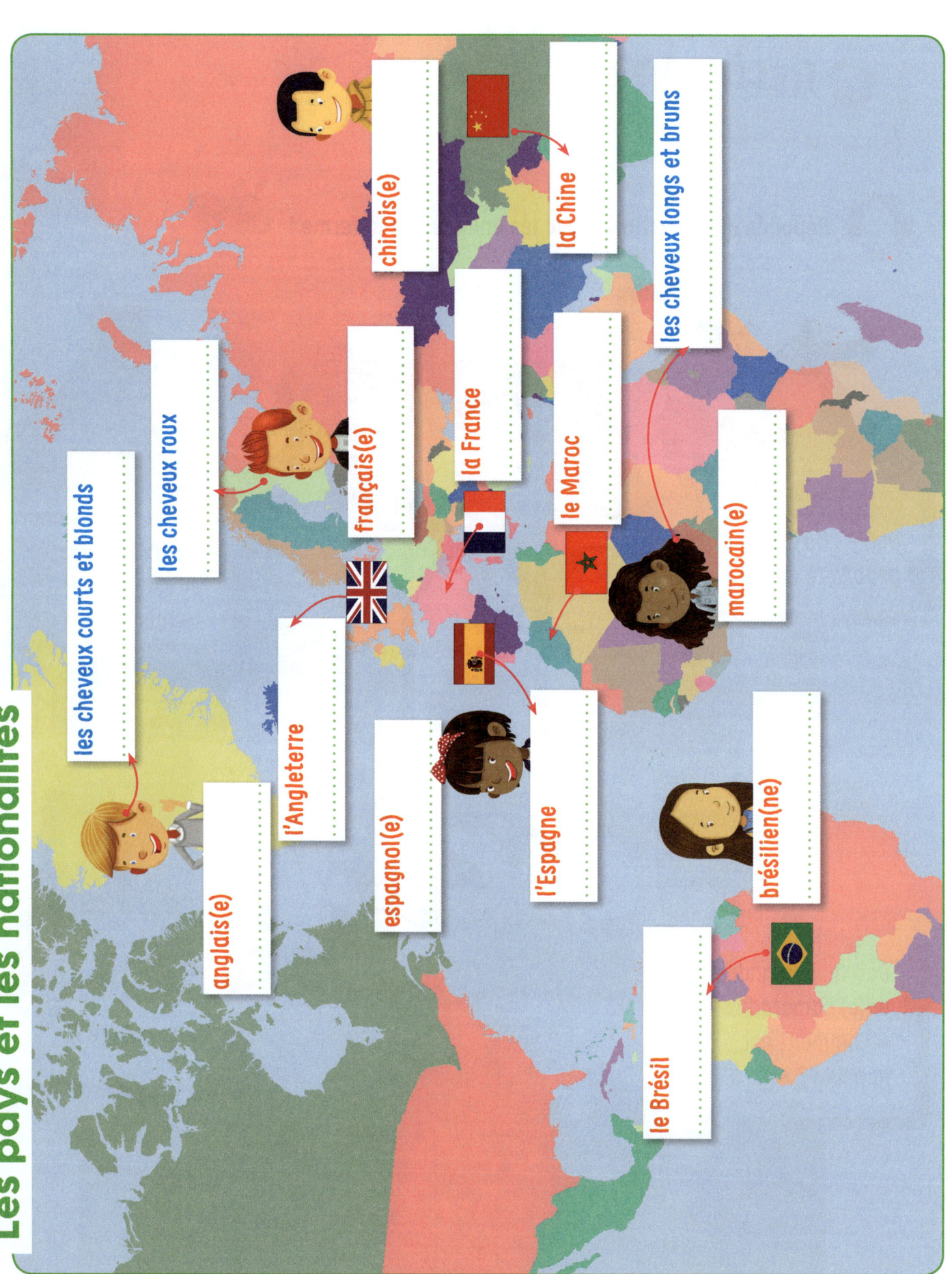

Mon dico illustré

Les métiers

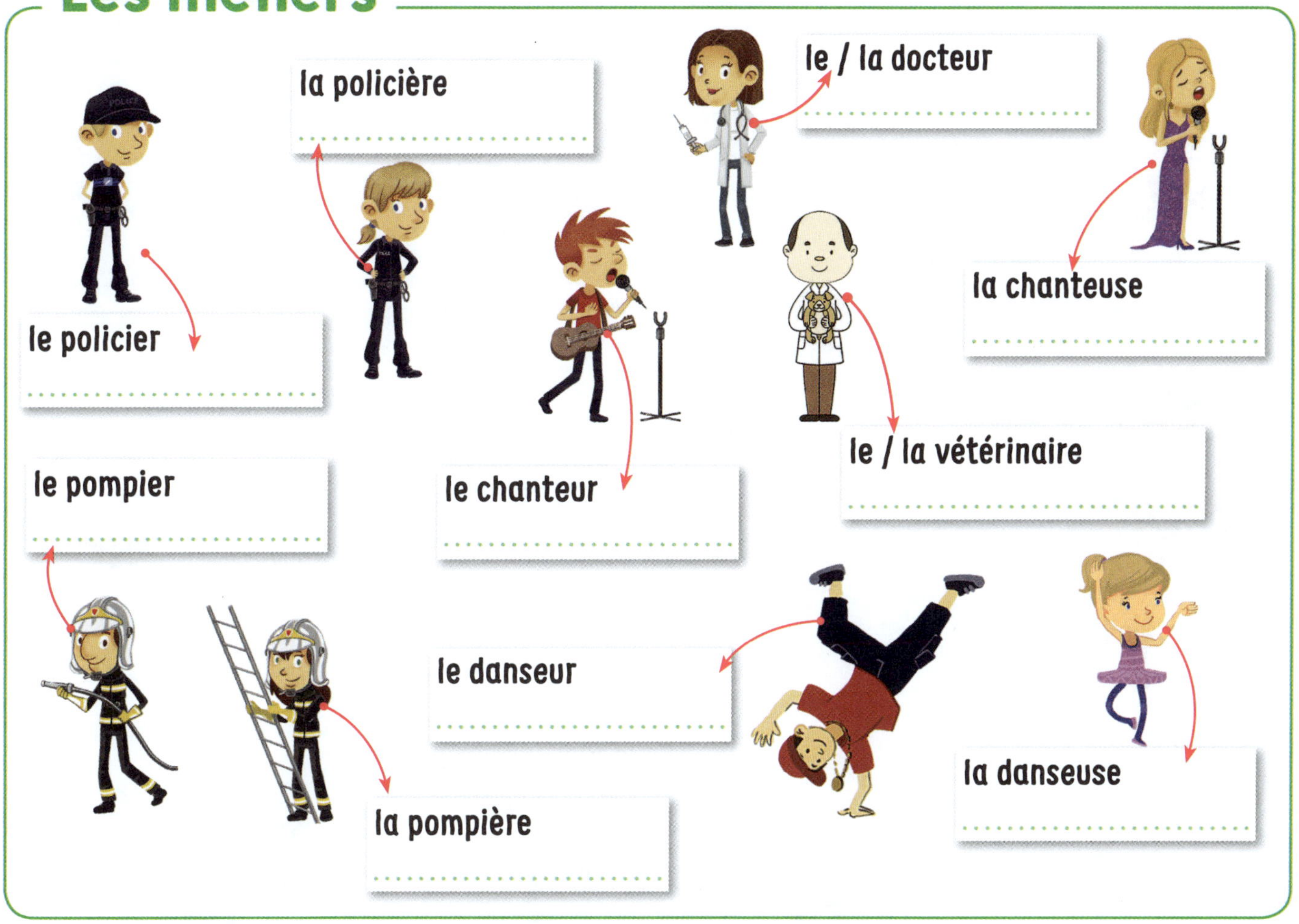

- la policière
- le / la docteur
- la chanteuse
- le policier
- le chanteur
- le / la vétérinaire
- le pompier
- le danseur
- la danseuse
- la pompière

Les activités

- ranger
- jouer au foot
- bricoler
- cuisiner
- travailler
- parler une langue

Mon dico illustré

Les activités et les moments de la journée

à 7 heures

le matin

se lever

se réveiller

se laver

petit-déjeuner

se brosser les dents

s'habiller

à midi

l'après-midi

le soir

déjeuner

goûter

dîner

se coucher

Les transports

à pied

en bus

en métro

à vélo

en voiture

Mon dico illustré

En classe

- le bureau
- la table 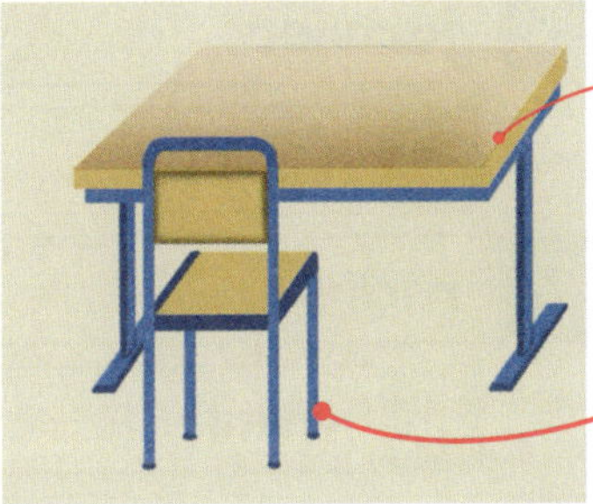
- la chaise
- le tableau 
- l'ordinateur
- la poubelle  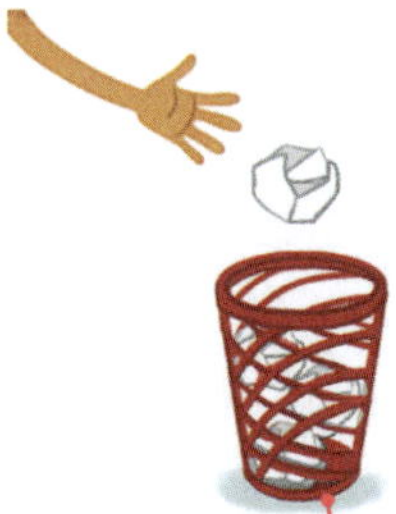

Les matières scolaires

- le français
- la géographie 
- l'informatique 
- les mathématiques
- la musique
- le sport
- les arts plastiques

Mon dico illustré

Les mois de l'année

janvier
février
mars
avril
mai
juin
juillet
août
septembre
octobre
novembre
décembre

Les vêtements et les accessoires

les bottes
la cape
la ceinture
la robe
les lunettes
les gants
le masque

Mon dico illustré

Les ustensiles de cuisine

Les ingrédients

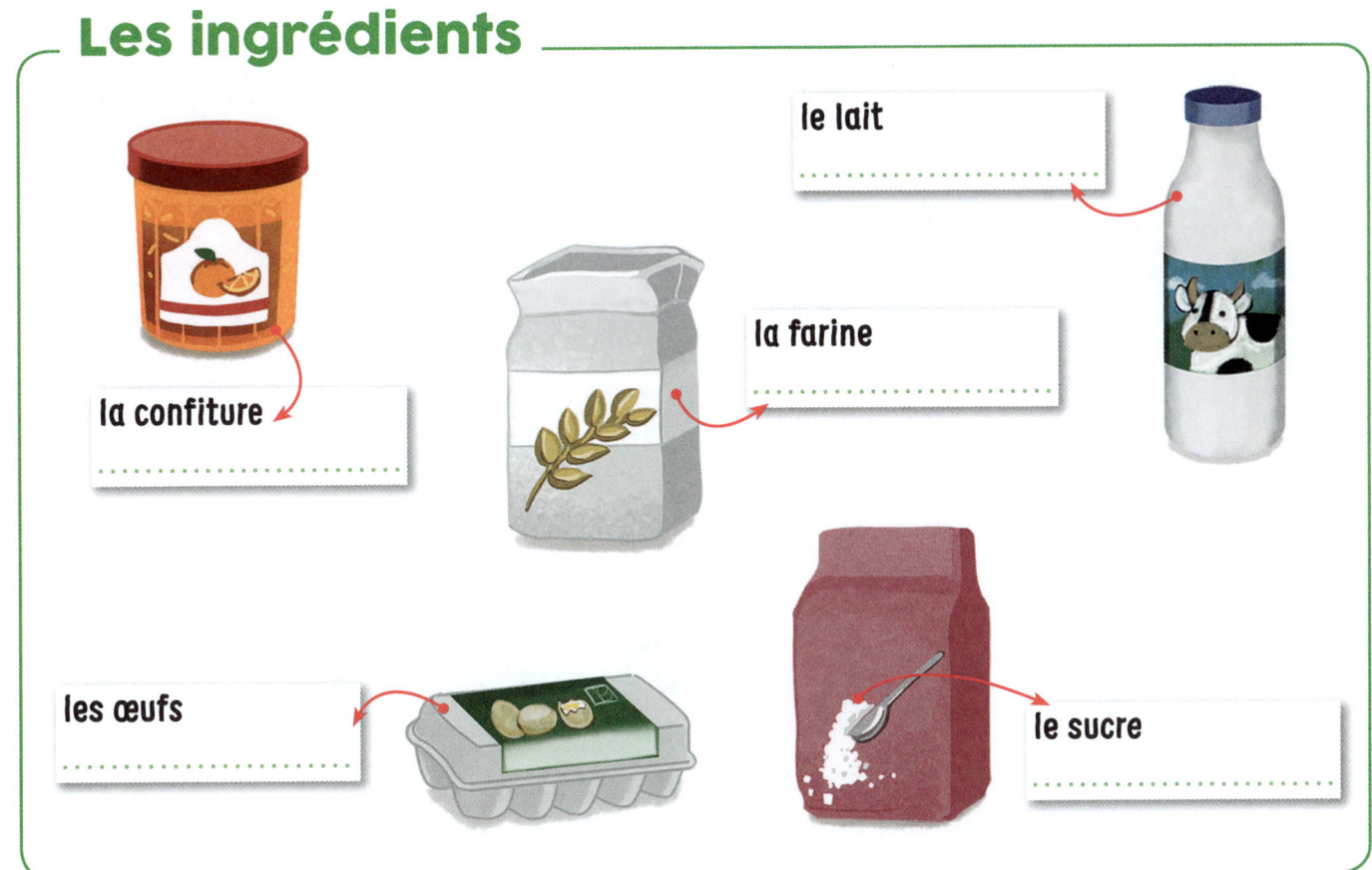

Mon dico illustré

La maison

la fenêtre

le jardin

le lit

le placard

la chambre

le canapé

le salon

la cuisine

la porte

la salle de bains

Mon dico illustré

Les affaires de la maison

- le coffre à jouets
- les jouets
- la BD
- la serviette
- le tapis
- le vélo
- le savon

Les actions

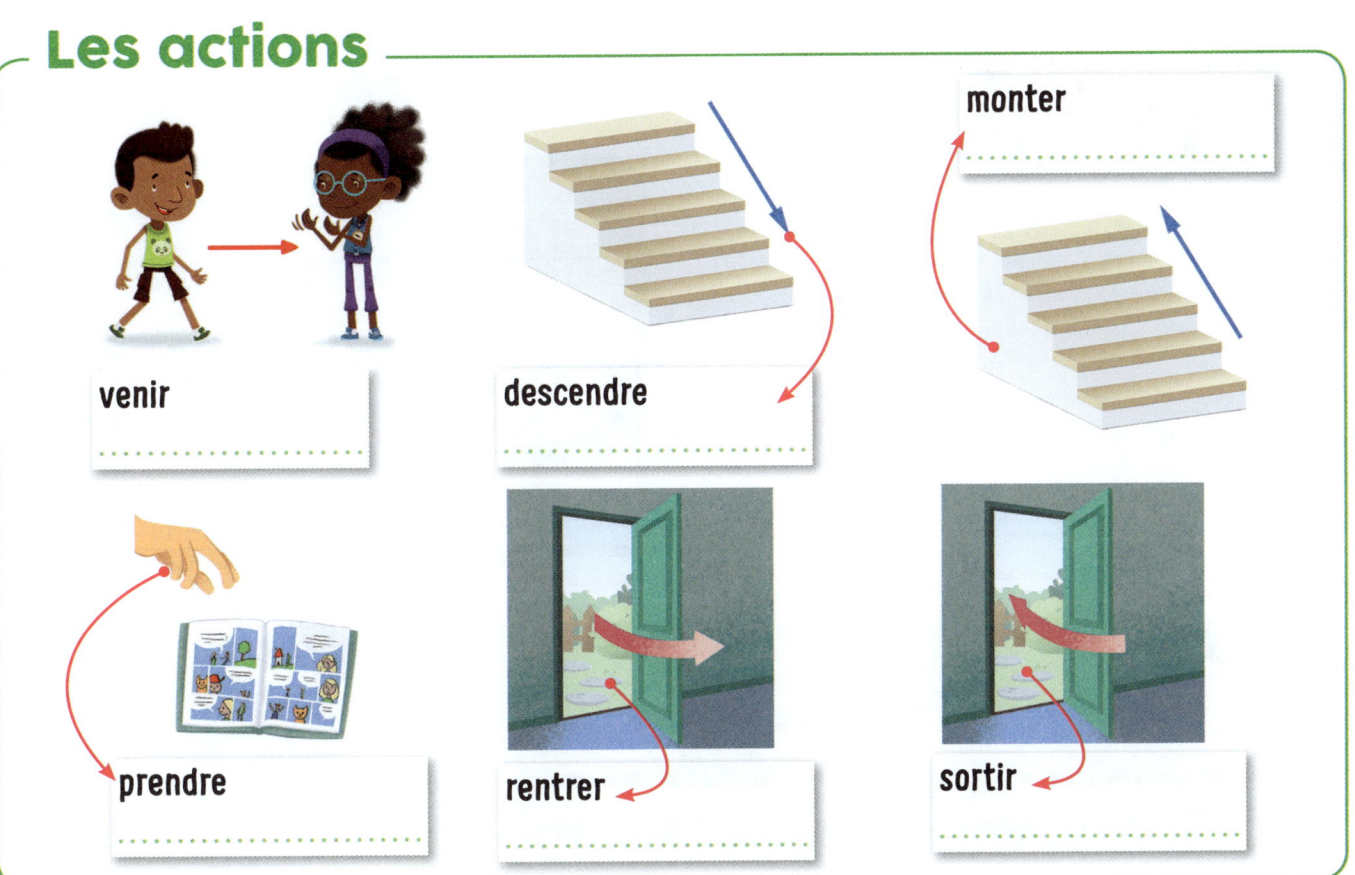

- venir
- descendre
- monter
- prendre
- rentrer
- sortir

Mon dico illustré

Les magasins et les aliments

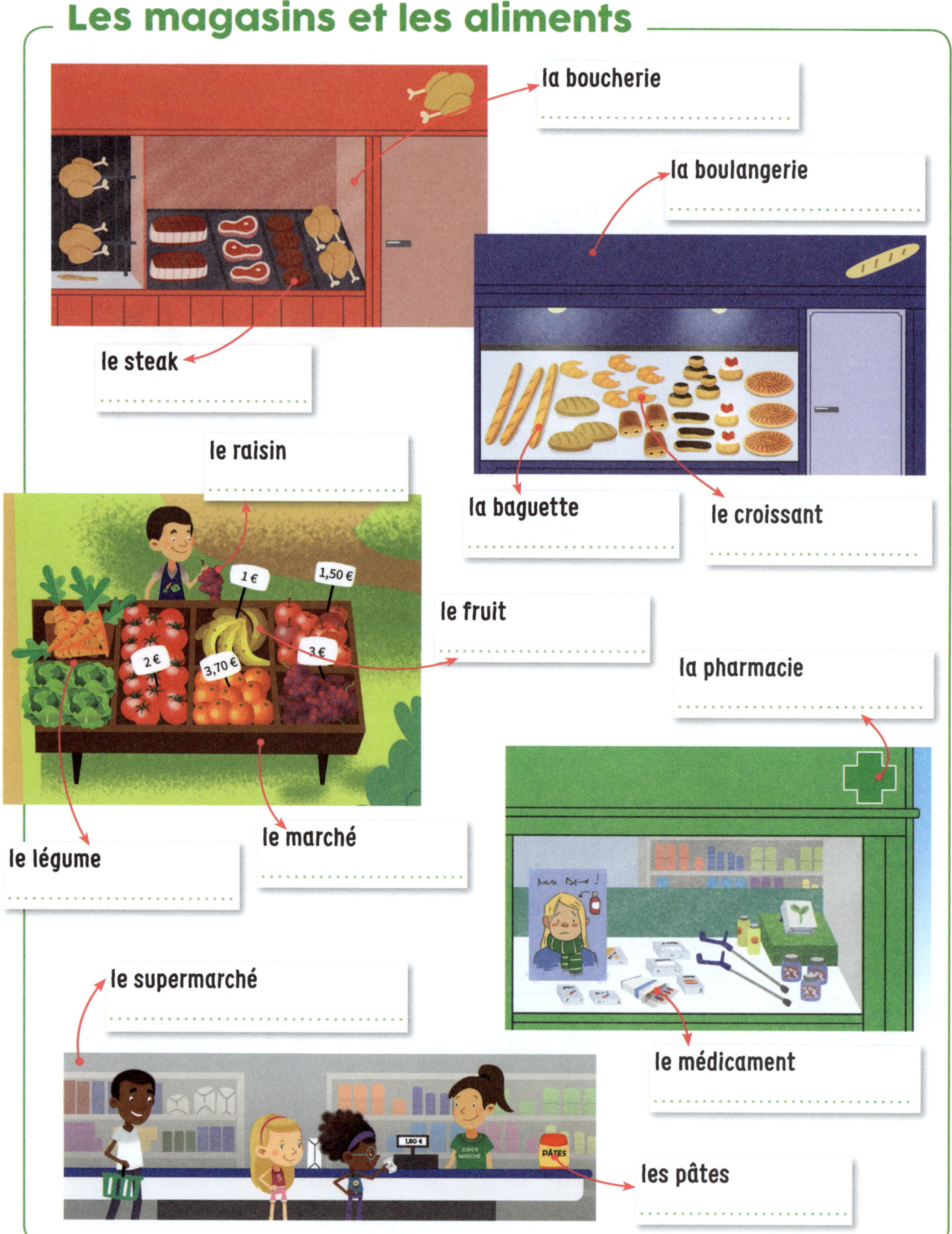

Mon dico illustré

Les lieux de la ville

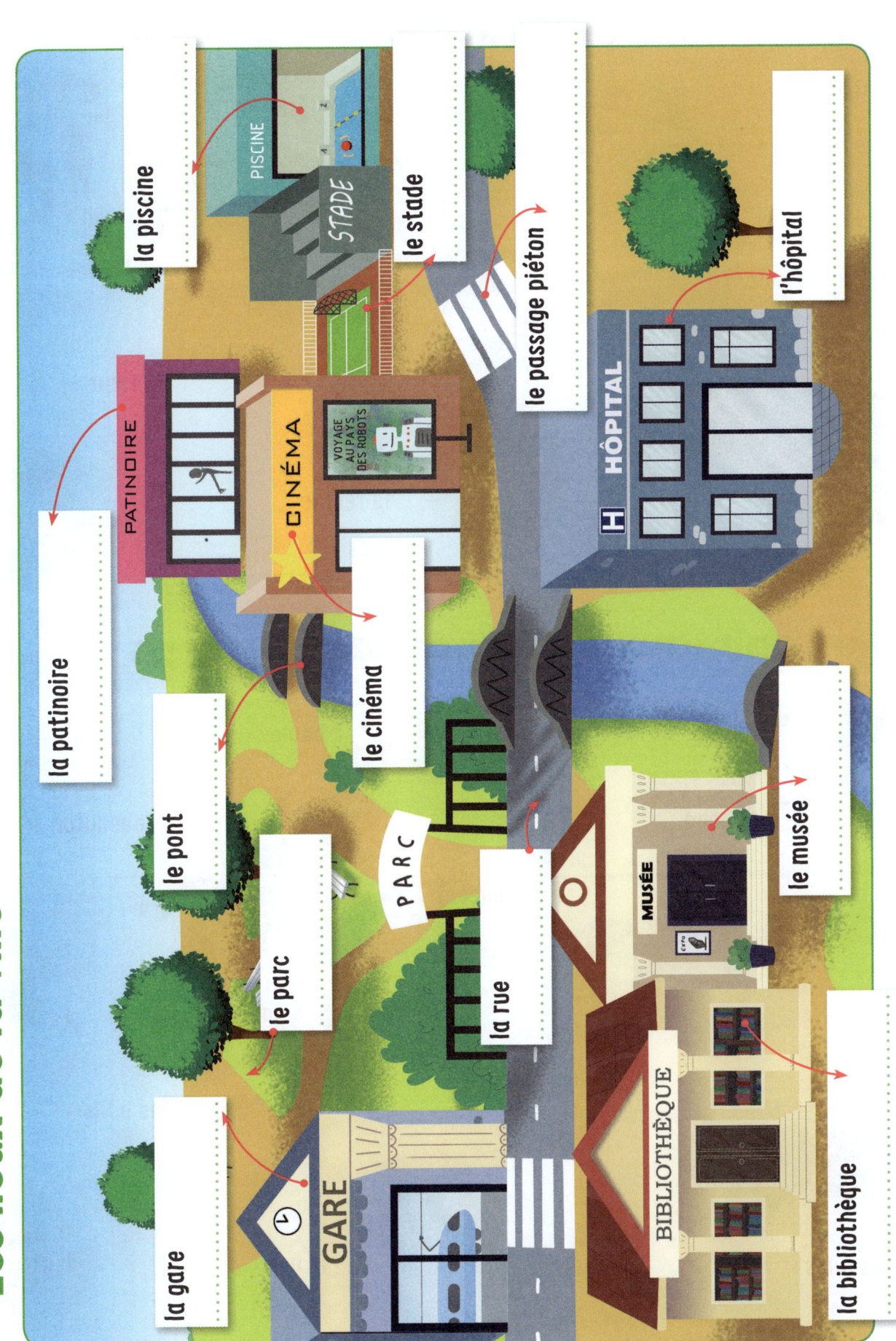

Mon dico illustré

Les saisons et la nature

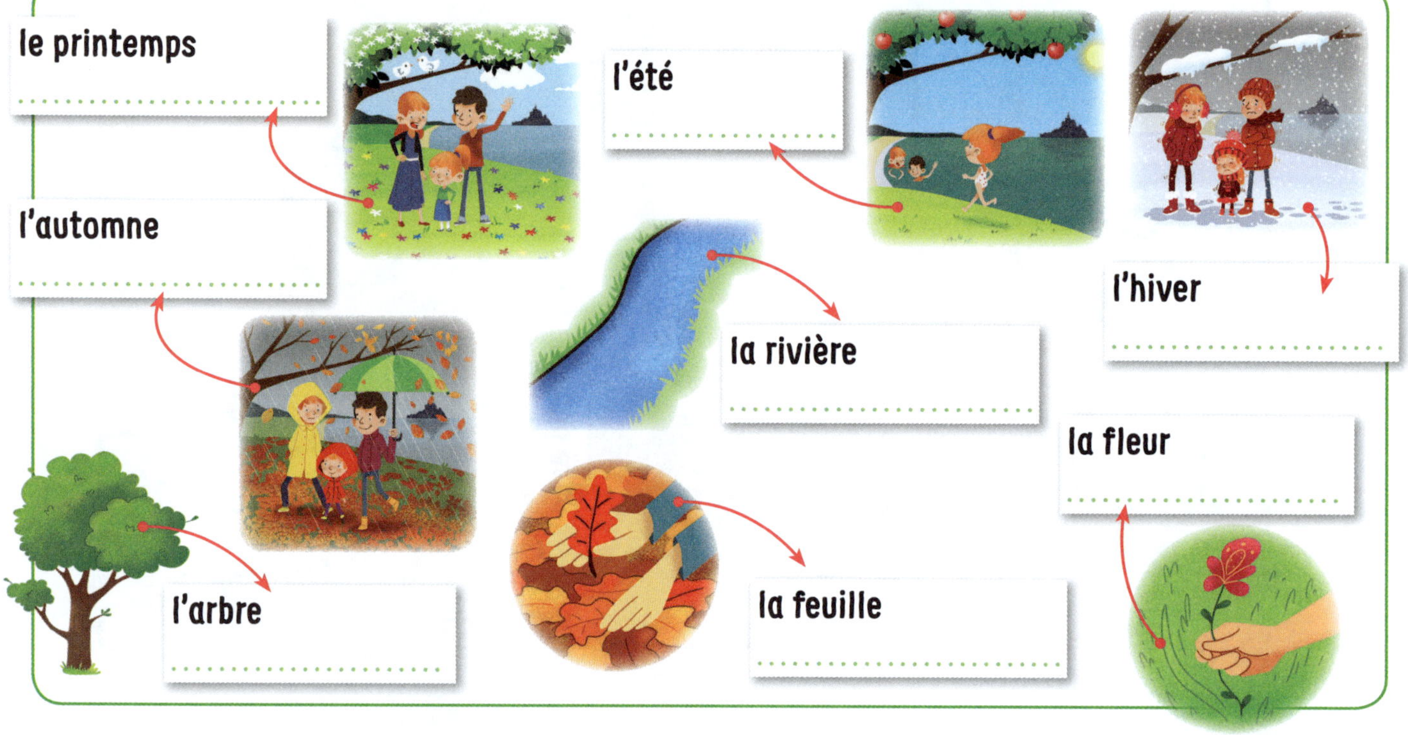

le printemps

l'automne

l'été

l'hiver

la rivière

la fleur

l'arbre

la feuille

Les animaux et les parties du corps

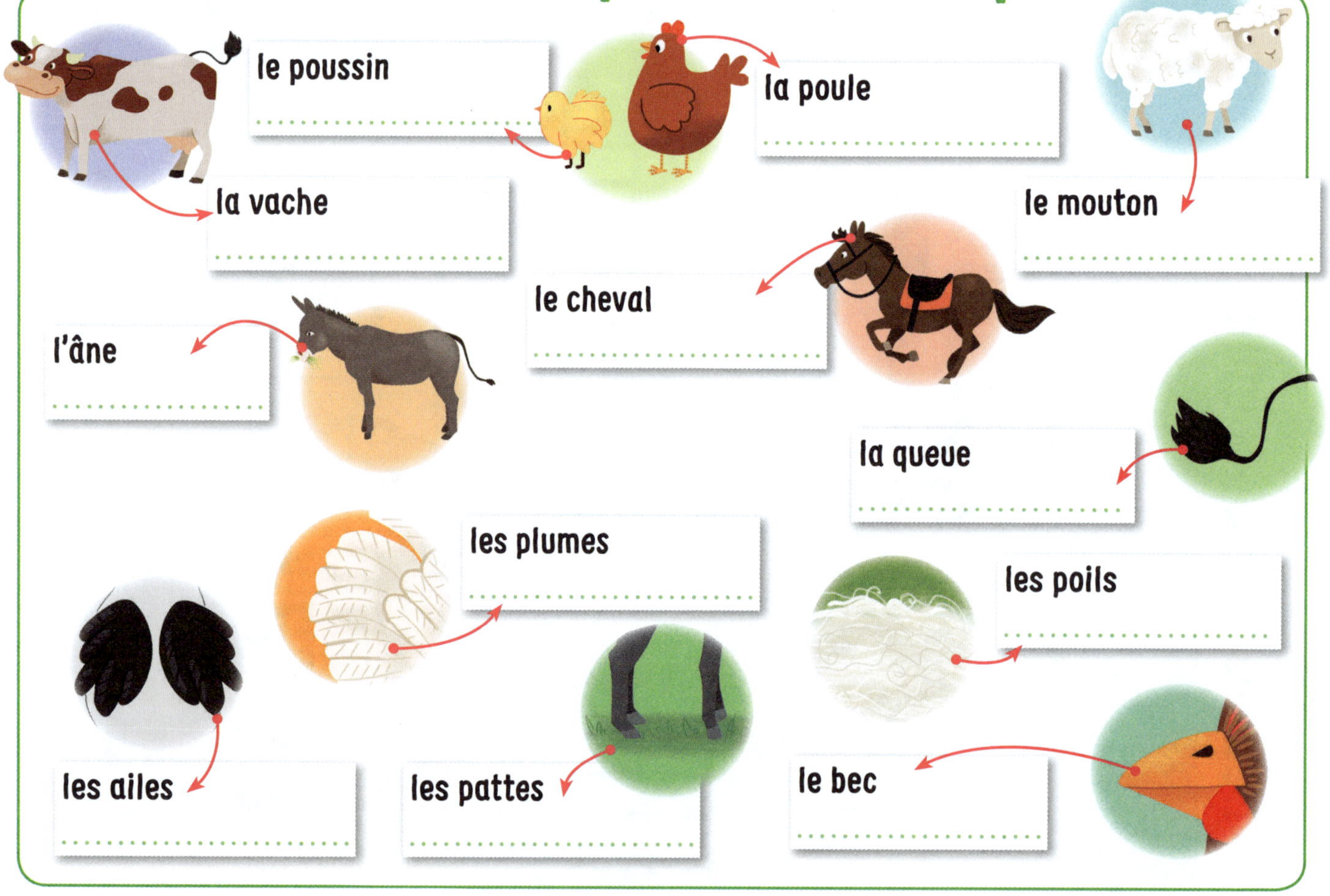

le poussin

la poule

la vache

le mouton

l'âne

le cheval

la queue

les plumes

les poils

les ailes

les pattes

le bec

Les chansons de Passe-passe

Unité 1

Ils sont comment ?

Cheveux blonds, roux, bruns
Comment est, comment est Justin ?
Il a les yeux verts et les cheveux bruns ?
Et les cheveux bruns ?
Oui, oui, il a les yeux verts et les cheveux bruns,
Courts et bruns
Et il est grand ?

Oh oui, très grand comme sa maman ! *(x 2)*

Cheveux blonds, bruns, roux
Comment est, comment est Malou ?
Elle a les yeux bleus et les cheveux roux ?
Et les cheveux roux ?
Oui, oui, elle a les yeux bleus
et les cheveux roux,
Courts et roux
Elle est sympa ?

Oh oui, sympa comme son papa ! *(x 2)*

Cheveux, roux, bruns, blonds
Comment est, comment est Lison ?
Elle a les yeux marron
et les cheveux blonds ?
Et les cheveux blonds ?
Oui, oui, elle a les yeux marron
et les cheveux blonds
Longs et blonds
Et elle est drôle ?

Oui, oui, très drôle comme
sa sœur Paule ! *(x 3)*

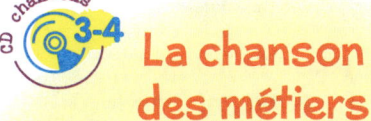

La chanson des métiers

Dawei, quel métier tu veux faire ?
Qu'est-ce que tu veux faire ?
Plus tard, je veux être pompier !
Ou être policier !

Fais comme tu veux ! Fais comme tu veux ! } *(x 2)*
Fais comme tu veux !

Carmen, quel métier tu veux faire ?
Qu'est-ce que tu veux faire ?
Plus tard, je veux être pompière !
Ou être policière !

Fais comme tu veux ! Fais comme tu veux ! } *(x 2)*
Fais comme tu veux !

Louis, quel métier tu veux faire ?
Qu'est-ce que tu veux faire ?
Plus tard, je veux être chanteur !
Ou bien être docteur !

Fais comme tu veux ! Fais comme tu veux ! } *(x 2)*
Fais comme tu veux !

Ana, quel métier tu veux faire ?
Qu'est-ce que tu veux faire ?
Plus tard, je veux être chanteuse
Ou bien être docteur !

Fais comme tu veux !
Fais comme tu veux ! } *(x 2)*
Fais comme tu veux !

Les chansons de Passe-passe

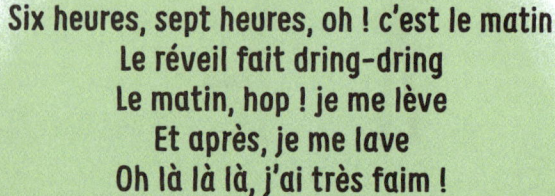

Ma journée est vraiment bien !

Six heures, sept heures, oh ! c'est le matin
Le réveil fait dring-dring
Le matin, hop ! je me lève
Et après, je me lave
Oh là là là, j'ai très faim !

Comment se passe ta journée ?　⎫
Ma journée est vraiment bien !　⎭ (x 2)

Six heures, sept heures, oui ! c'est le matin
Et je petit-déjeune
Miam, un chocolat chaud
Oh, là là là, j'ai très soif !
Ah merci, un jus d'orange

Comment se passe ta journée ?　⎫
Ma journée est vraiment bien !　⎭ (x 2)

Six heures, sept heures, oui, c'est le matin
Et je me brosse les dents
Allez hop ! je m'habille
Tic-tac, tic-tac, c'est drôle
Vite, à l'école, c'est l'heure !

Comment se passe ta journée ?　⎫
Ma journée est vraiment bien !　⎭ (x 2)

Quatre heures, cinq heures, c'est l'après-midi
L'après-midi, j'ai faim !
Il est déjà quatre heures
Je goûte à la maison
Miam-miam, un bon gâteau !

Comment se passe ta journée ?　⎫
Ma journée est vraiment bien !　⎭ (x 2)

Sept heures, huit heures, neuf heures, c'est le soir
C'est le soir, je me couche
Oh, je suis fatigué
Et je dis « Bonne nuit ! »
Au revoir les amis !

Dans la classe, on aide tous !

Dans la classe, on aide tous
On aide tous, on aide tous
Dans la classe, on aide tous
On aide tous ensemble !

Voici les cahiers et les crayons !
Moi, je distribue les cahiers
Toi, tu distribues les crayons *(x 2)*

Dans la classe, on aide tous
On aide tous, on aide tous
Dans la classe, on aide tous
On aide tous ensemble !

Tiens, et les papiers sur le bureau
Maintenant, on jette les papiers !
Oui, on jette tout à la poubelle, hop ! *(x 2)*

Dans la classe, on aide tous
On aide tous, on aide tous
Dans la classe, on aide tous
On aide tous ensemble !

Oh là là, regarde, le tableau blanc !
Allez, on efface le tableau !
Ah oui, on efface bien le tableau ! *(x 2)*

Dans la classe, on aide tous
On aide tous, on aide tous
Dans la classe, on aide tous
On aide tous ensemble !

Regarde la classe, maintenant on range !
Hop, je range les chaises et les tables
Toi, tu ranges les livres, les cahiers ! *(x 2)*

Les chansons de Passe-passe

Unité 3

La chanson de l'année

C'est la chanson de l'année !
On chante, on danse
Tous les mois de l'année !

Janvier, février
Le carnaval, c'est ma fête préférée !
C'est quand, c'est quand ?
C'est en février !
Ouaaaaaais !

C'est la chanson de l'année !
On chante, on danse
Tous les mois de l'année !

Mars, avril et mai
En classe verte, on va tous dans la forêt
C'est quand, c'est quand ?
C'est en mai !
Ouaaaaaais !

C'est la chanson de l'année !
On chante, on danse
Tous les mois de l'année !

Juin, juillet, août, septembre
À la rentrée, on travaille tous ensemble !
C'est quand, c'est quand ?
C'est en septembre !

C'est le mois d'octobre
À Halloween, les bonbons, on adore !
Et en novembre, décembre
On danse encore !
Ouaaaaaais !!

C'est la chanson de l'année !
On chante, on danse
Tous les mois de l'année !

C'est la chanson de l'année !

La recette du gâteau de sorcier

Je veux faire un gâteau de sorcier !
Qu'est-ce qu'il faut ? Qu'est-ce qu'il faut ?
Il faut un grand saladier
Un très très grand saladier !
Ah bon ?

Je veux faire un gâteau de sorcier !
Qu'est-ce qu'il faut ? Qu'est-ce qu'il faut ?
Ben, il faut de la farine
Soixante cuillères de farine !
Ah bon ?

Je veux faire un gâteau de sorcier !
Qu'est-ce qu'il faut ? Qu'est-ce qu'il faut ?
Ben, il faut aussi du sucre
Une petite cuillère de sucre !
Ah bon ?

Je veux faire un gâteau de sorcier !
Qu'est-ce qu'il faut ? Qu'est-ce qu'il faut ?
Il faut des œufs, c'est facile
Mais six œufs de crocodile !
Ah bon ?

Je veux faire un gâteau de sorcier
Qu'est-ce qu'il faut ? Qu'est-ce qu'il faut ?
Un verre de lait ? Oui, merci !
Un verre de lait de souris !
Ah bon ?

Et dans le lait ? Et dans le lait ?
Deux cuillères de confiture
De confiture d'araignée !

Les chansons de Passe-passe

Chez moi, c'est super !

Chez moi, c'est super !
Dans toutes les pièces, il y a mes affaires ! } (x 2)

Dans ma petite chambre, c'est sympa !
Mes BD et mes jouets sont là
Dans la salle de bains, c'est chouette !
Il y a mon savon et ma serviette

Chez moi, c'est super !
Dans toutes les pièces, il y a mes affaires ! } (x 2)

Et dans le salon, c'est très drôle !
Oui, il y a toutes mes photos d'école
Dans la grande cuisine, c'est bien !
Partout, oui, partout, il y a mes dessins

Chez moi, c'est super !
Dans toutes les pièces, il y a mes affaires ! } (x 2)

Dans mon p'tit jardin, c'est rigolo !
Il y a ma trottinette et mon vélo

Allez, viens chez moi !
Tu vas voir, c'est extra !

Où sont mes bonbons ?

Où sont mes bonbons ?
Je cherche à droite
Où sont mes bonbons ?
Je cherche à gauche
Je regarde en haut
Je regarde en bas
Où sont mes bonbons ?
Ils ne sont pas là !

Je regarde dans la cuisine
À gauche, il y a un grand placard
Ils sont en haut ? Ils sont en bas ?
Oh non !

Où sont mes bonbons ? (x 2)

Je regarde dans le salon
À droite, il y a un canapé
Oui, je sais ! Ils sont là, derrière !
Oh non !

Où sont mes bonbons ? (x 2)

Je regarde bien dans la chambre
À gauche, il y a mon petit lit
Ah oui, je sais ! Ils sont ici !
Eh non ! Tant pis !

Où sont mes bonbons ?
Je cherche à droite
Où sont mes bonbons ?
Je cherche à gauche
Je regarde en haut
Je regarde en bas
Où sont mes bonbons ?

Ils ne sont pas là !

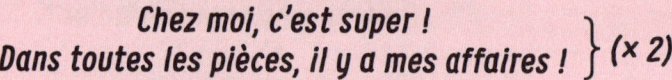

Les chansons de Passe-passe

Tu vas où ?

*Supermarché, boulangerie
Pharmacie et boucherie*

Hé oh hé oh ! Tu vas où, toi ?
Moi, je vais à la boulangerie !
Ohé ohé ! Pourquoi ? Pourquoi ?
Parce que je veux acheter un gros pain
Des bonbons aussi !

*Supermarché, boulangerie
Pharmacie et boucherie*

Hé oh hé oh ! Tu vas où, toi ?
Moi, je vais à la boucherie !
Ohé ohé ! Pourquoi ? Pourquoi ?
Parce que je veux acheter du poulet
Et un steak aussi !

*Supermarché, boulangerie
Pharmacie et boucherie*

Hé oh hé oh ! Tu vas où, toi ?
Moi, je vais au supermarché !
Ohé ohé ! Pourquoi ? Pourquoi ?
Parce que je veux acheter des légumes
Et des fruits aussi !

*Supermarché, boulangerie
Pharmacie et boucherie*

Hé oh hé oh ! Tu vas où, toi ?
Moi, je vais à la pharmacie !
Ohé ohé ! Pourquoi ? Pourquoi ?
Je veux acheter des médicaments
C'est pour mon papi

Et voilà, c'est fini !

Mais où est le cinéma ?

Je vais voir un film avec Emma !
Mais où est le cinéma ?
C'est à côté, tu dois tourner à gauche !
Et tu dois continuer tout droit, tout droit *(x 2)*

Oh non, je suis à la gare !

Je vais voir un film avec Emma !
Mais où est le cinéma ?
Tu dois traverser le passage piéton
Et tu dois continuer tout droit, tout droit *(x 2)*

Oh non, voilà l'hôpital !

Je vais voir un film avec Emma !
Mais où est le cinéma ?
Regarde bien, tu dois traverser le pont !
Et tu dois continuer tout droit, tout droit

Ouf, je suis devant le cinéma
Oh non, Emma n'est pas là !

Les chansons de Passe-passe

Unité 6

Quatre saisons géniales !

Toutes les saisons sont spéciales
On peut faire des choses géniales !

Qu'est-ce qu'on peut faire en automne ?
On peut tous ramasser des feuilles
Elles sont marron, rouges et jaunes !

Toutes les saisons sont spéciales
On peut faire des choses géniales !

Qu'est-ce qu'on peut faire en hiver ?
On peut faire un bonhomme de neige
Dans le jardin, c'est super !

Toutes les saisons sont spéciales
On peut faire des choses géniales !

Qu'est-ce qu'on peut faire au printemps ?
Eh bien, on peut cueillir des fleurs
Tout le monde va être content !

Toutes les saisons sont spéciales
On peut faire des choses géniales !

Qu'est-ce qu'on peut faire en été ?
On peut tous aller à la plage
C'est génial, on va jouer !

Toutes les saisons sont spéciales
On peut faire des choses géniales !

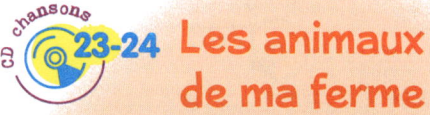

Les animaux de ma ferme

Dans ma ferme, il y a des animaux
Ils sont tous rigolos !
En toutes saisons
Ils s'amusent dans ma maison

Il y a la poule Victoire
Elle a deux p'tites ailes
Et des plumes noires
Elle est super !
Avec son poussin
Oh, elle danse dans le grand jardin !

Dans ma ferme, il y a des animaux
Ils sont tous rigolos !
En toutes saisons
Ils s'amusent dans ma maison

Il y a mon âne Charlie
Il a des p'tites pattes
Et des poils gris
Il est marrant !
Dans la salle de bains
Oh là là, il se brosse les dents !

Dans ma ferme, il y a des animaux
Ils sont tous rigolos !
En toutes saisons
Ils s'amusent dans ma maison

Il y a la p'tite vache Blanche
Elle a des poils blancs
Et une queue blanche
Elle est très drôle !
Dans le grand salon
Elle regarde la télévision !

Dans ma ferme, il y a des animaux
Ils sont tous rigolos !
En toutes saisons
Ils s'amusent dans ma maison

Rimes et chansons

Unité 1 — AU FEU LES POMPIERS !

Au feu les pompiers
La maison qui brûle
Au feu les pompiers
La maison brûlée

C'est pas moi qui l'ai brûlée
C'est la cuisinière
C'est pas moi qui l'ai brûlée
C'est le cuisinier

Unité 2 — LA RÉUNION DE FAMILLE

Ma tante Agathe
Vient des Carpates
À quatre pattes

Mon oncle André
Vient de Niamey
À cloche-pied

Mon frère Tchou
Vient de Moscou
Sur les genoux
[…]

Ma nièce Ada
Vient de Java
À petits pas
[…]

Mon oncle Firmin
Vient de Pékin
Sur les deux mains
[…]

Jacques Charpentreau
Les Éditions de l'Atelier.

Unité 3 — MON CŒUR

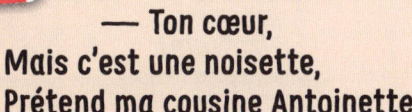

— Ton cœur,
Mais c'est une noisette,
Prétend ma cousine Antoinette.
— Ton cœur,
Mais c'est du massepain,
Me dit souvent parrain.
— Ton cœur,
Mais c'est du beurre,
Me répète à toute heure
Tante Solange.
Moi, je veux bien,
Mais je ne veux pas qu'on le mange :
J'y tiens !

Maurice Carême
Le mât de cocagne
© Fondation Maurice Carême

Rimes et chansons

IL ÉTAIT UN PETIT HOMME (PIROUETTE, CACAHUÈTE)

Il était un petit homme
Pirouette cacahuète
Il était un petit homme
Qui avait une drôle de maison *(x 2)*

Sa maison est en carton
Pirouette cacahuète
Sa maison est en carton
Les escaliers sont en papier *(x 2)*

Si vous voulez y monter
Pirouette cacahuète
Si vous voulez y monter
Vous vous casserez le bout du nez *(x 2)*

Le facteur y est monté
Pirouette cacahuète
Le facteur y est monté
Il s'est cassé le bout du nez *(x 2)*

SUR LE PONT D'AVIGNON

Refrain :
Sur le pont d'Avignon,
On y danse, on y danse,
Sur le pont d'Avignon
On y danse tous en rond
Les belles dames font comme ça
Et puis encore comme ça

(refrain)
Les messieurs font comme ça
Et puis encore comme ça.

(refrain)
Les jardiniers font comme ça
Et puis encore comme ça
[...]
(refrain)
Les officiers font comme ça
Et puis encore comme ça

(refrain)
Les bébés font comme ça
Et puis encore comme ça

(refrain)
Les musiciens font comme ça
Et puis encore comme ça

(refrain)
[...]

L'OISEAU BLEU

Il est tout bleu
L'oiseau bleu
Il est bleu du bec
Bleu des plumes
Et bleu des yeux,
L'oiseau bleu
[...]

Toussaint Cossy Guénou
Anthologie de la poésie togolaise,
Yves-Emmanuel Dogbé,
Éditions Akpagnon, 1980.